中国乡村产业重点企业调查报告
2019

农业农村部乡村产业发展司
农业农村部规划设计研究院　编著

中国农业出版社
北　京

参 编 人 员

主　　编：李春艳　冯　伟　周新群
副 主 编：李　健　石汝娟　耿晴晴
参编人员（按姓氏拼音排序）：

白　京	曹　慧	晁　曦	陈君琛	陈湘宁
邓放明	丁笑文	韩　萌	胡思曼	黄凤洪
霍　颖	江用文	李大婧	李家鹏	李文采
梁　漪	刘春和	刘景景	刘丽娅	卢　昆
鲁明胜	罗玉波	聂宇燕	孙　琛	孙　昊
谭智心	田寒友	田世英	王　剑	王　康
王　立	王兵兵	王国庆	王军莉	王永涛
武　婕	徐　磊	徐士伟	徐玉娟	张雯丽
赵　靓	赵　威	赵　毅	郑学玲	周丹丹
周闲容	朱亚平			

序

　　乡村振兴，产业兴旺是基础。习近平总书记指出，产业兴旺是解决农村一切问题的前提，要推动乡村产业振兴，紧紧围绕发展现代农业，围绕农村一二三产业融合发展，构建乡村产业体系。乡村产业根植于县域，以农业农村资源为依托，以农民为主体，以农村一二三产业融合发展为路径，地域特色鲜明、创新创业活跃、业态类型丰富、利益联结紧密，是提升农业、繁荣农村、富裕农民的产业。近年来，各地区、各有关部门深入学习贯彻党的十九大精神，认真落实党中央、国务院决策部署，以农业农村现代化为总目标，以农业供给侧结构性改革为主线，采取一系列有力措施，全力推进乡村产业发展。乡村产业形态不断丰富，乡村产业融合渐成趋势，利益联结机制逐步构建，农村创新创业日渐活跃，乡村产业发展取得积极成效。

　　为全面及时了解和掌握乡村产业发展情况，2019 年 1～3 月，农业农村部乡村产业发展司组织开展了全国乡村产业样本企业调查。全国共有 26 个省（自治区、直辖市）的 18 157 家企业参与调查，其中农产品加工企业 13 815 家，占 76.1%。在系统梳理和分析此次调查数据的基础上，我们撰写了《中国乡村产业重点企业调查报告 2019》。报告对于了解和掌握我国乡村产业特别是农产品加工业发展现状与趋势，制定和完善乡村产业发展措施及政策，改进和加强各级政府对乡村产业发展的宏观指导具有十分重要的参考和借鉴意义。

目 录

序

图 目 录

表 目 录

第一章 / 产业总体发展情况

全国共有 26 个省（自治区、直辖市）的企业参与本次调查，企业数总计 18 157 家。其中农产品加工企业 13 815 家，占 76.1%；农产品种养殖企业 3 295 家；市场流通企业 673 家；农产品批发市场企业 192 家；电商企业 23 家；休闲农业企业 159 家。规模以上企业中，农产品加工企业占 80.2%。本报告主要分析以加工为主的乡村产业重点企业。

按行业分，参与本次调查的规模以上农产品加工企业中，粮食加工与制造企业居多，占 22.3%。其次为果蔬加工企业，占 14.0%。肉类加工企业占 9.3%，其他食用类农产品加工企业占 7.3%，饲料加工企业占 5.6%，精制茶加工企业占 4.7%，植物油加工企业占 4.5%，水产品加工企业占 4.4%，其他各类农产品加工企业占 28.0%。

按企业登记类型分，参与本次调查的规模以上农产品加工企业以有限责任公司、私营企业为主，股份有限公司也占有较大比例。其中，有限责任公司 7 568 家，占比 65.6%；私营企业 2 175 家，占比 18.9%；股份有限公司 901 家，占比 7.8%。以上三类合计占比 92.3%，其他企业、外商投资企业、港澳台商投资企业和国有企业合计占比 6.6%，股份合作企业、集体企业和联营企业较少。

按龙头企业级别分，各级农业产业化龙头企业占 88.1%。其中，省级和市级龙头企业占比较高，合计占比 79.8%；国家级龙头企业占比 4.2%。

按企业规模分，以中、小型企业为主，合计占 91.9%；大、微型企业分别占 3.1% 和 5.0%。

一、经济运行情况及特点

（一）总体增长稳中趋缓

2018 年，农产品加工行业运行总体平稳，增速保持在合理区间。参与本次调查的规模以上农产品加工企业完成主营业务收入 2.6 万亿元，同比增长 4.2%，增速较 2017 年有所下降；平均每家企业完成主营业务收入 2.3 亿元，与 2017 年持平。分行业看，除木竹藤棕草加工业外，其他行业企业主营业务收入均保持增长（图 1-1）。其中，粮食原料酒制造业、蛋品加工业和乳品加工业增长较快，同比分别增长 9.2%、8.6% 和 7.9%。此外，食用类农产品加工业中，粮食加工与制造业、精制茶加工业、肉类加工业、水产品加工业、制糖业、烟草制造业、中药制造业主营业务收入增速高于农产品加工业平均水平。

饲料加工业、植物油加工业、果蔬加工业、其他食用类农产品加工业、木竹藤棕草加工业和橡胶制品制造业主营业务收入增速低于农产品加工业平均水平。

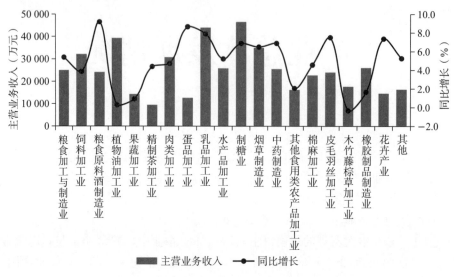

图 1-1　分行业平均主营业务收入及同比增速

（二）企业经济效益稳中有升

2018 年，农产品加工企业效益总体提升，利润总额保持增长。参与本次调查的规模以上农产品加工企业实现利润总额 1 542.3 亿元，同比增长 4.9%；平均每家企业实现利润总额 1 293.7 万元，较 2017 年下降 103.2 万元；平均每家企业主营业务收入利润率为 5.9%（图 1-2）。从行业情况看，烟草制造业主营业务收入利润率最高，为 15.4%。食用

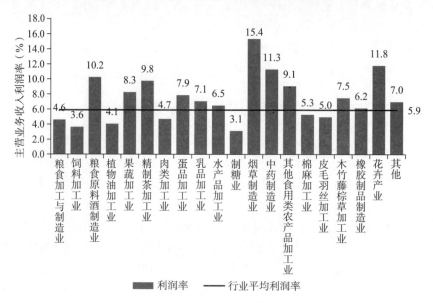

图 1-2　分行业主营业务收入利润率及行业平均水平

类农产品加工业中，粮食原料酒制造业、果蔬加工业、精制茶加工业、蛋品加工业、乳品加工业、水产品加工业、烟草制造业、中药制造业、其他食用类农产品加工业主营业务收入利润率均高于农产品加工业平均水平。饲料加工业、植物油加工业和制糖业主营业务收入利润率处于较低水平，分别为 3.6％、4.1％和 3.1％。

（三）大、中型企业经营效益更佳

2018 年，在国家实施大企业战略背景下，农产品加工大、中型企业主营业务收入和利润保持较快增长，增长速度明显高于小型企业，经营效益向好特征明显。参与本次调查的规模以上农产品加工企业中，大型企业平均完成主营业务收入 179 148.4 万元，比 2017 年增加 10 413.7 万元，同比增长 6.2％；中型企业平均完成主营业务收入 44 216.1 万元，比 2017 年增加 2 070 万元，同比增长 4.9％（图 1-3）。大、中型企业平均主营业务收入增速比小型企业分别高 3.3 和 2 个百分点，但大型企业平均主营业务收入增速较 2017 年明显放缓，同比下降 7.7 个百分点。

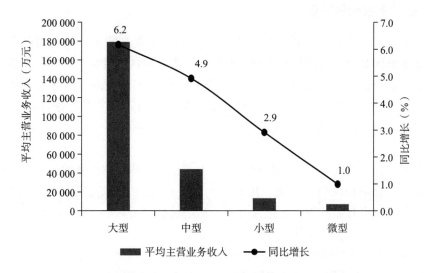

图 1-3　分规模农产品加工企业平均主营业务收入及同比增速

参与本次调查的规模以上农产品加工企业中，大型企业平均实现利润总额 11 097.9 万元，比 2017 年增加 551.2 万元，同比增长 5.2％；中型企业平均实现利润总额 2 788 万元，同比增长 5.0％；小型企业平均实现利润总额 749.5 万元，同比增长 4.7％。大、中型企业主营业务收入利润率分别为 6.2％和 6.3％，企业利润总额增速和主营业务收入利润率均高于平均水平（图 1-4）。小型企业主营业务收入利润率为 5.6％，低于大、中型企业，但较 2017 年上升 0.1 个百分点。

"十三五"时期，农产品加工中小企业发展面临挑战的同时，也面临重大机遇。随着改革的深化，新型工业化、城镇化、信息化、农业现代化的推进，以及"大众创业、万众创新"、《中国制造 2025》、"互联网＋"等重大战略举措和"一带一路"倡议的加速实施，中小企业发展基本向好的势头进行。

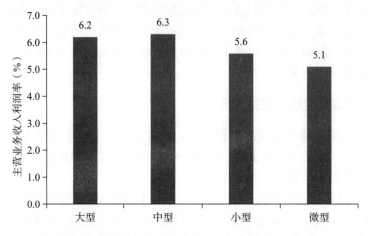

图 1-4　分规模农产品加工企业主营业务收入利润率

（四）区域发展更趋协调

2018 年，从参与本次调查的规模以上农产品加工企业主营业务收入情况看，中、西部地区与东部地区企业平均规模和增速差距缩小，东北地区回升势头明显。东部地区企业平均完成主营业务收入 25 555.4 万元，同比增长 4.1％；中部地区企业平均完成主营业务收入 23 601.1 万元，同比增长 3.4％；西部地区企业平均完成主营业务收入 15 037.8 万元，同比增长 3.3％；东北地区企业平均完成主营业务收入 22 190.7 万元，同比增长 9.7％。

参与本次调查的规模以上农产品加工企业中，企业平均主营业务收入前十位的省（自治区、直辖市）分别是福建、河南、山东、上海、湖北、吉林、广西、广东、安徽和河北，企业平均完成主营业务收入 2 亿元以上。从增长情况看，13 个省（自治区、直辖市）主营业务收入增速超过农产品加工业平均水平，东北和中、西部部分地区的吉林、新疆、黑龙江、湖南、贵州增速居调查省（自治区、直辖市）前列，同比分别增长 16.3％、12.0％、10.8％、8.7％和 8.3％（图 1-5）。

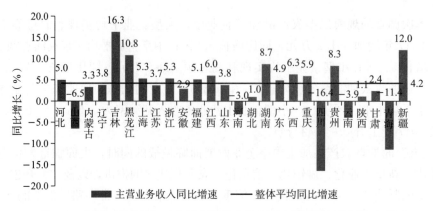

图 1-5　分地区农产品加工企业主营业务收入同比增速及整体平均水平

从参与本次调查的规模以上农产品加工企业主营业务收入利润率情况看，12个省（自治区、直辖市）利润率超过农产品加工业平均水平，贵州、重庆、甘肃、青海和江西利润率居调查省（自治区、直辖市）前列，分别为16.4%、9.6%、9.6%、8.6%和7.4%。

二、产能情况

（一）粮食加工与制造业产能仍以初加工为主

当前国内粮食生产保持稳定，国内外粮食供求形势短期内难以根本改变，粮食收购量和库存量"双高叠加"的态势将在一定时期内持续。粮食资源优势转化为经济发展优势仍是当前迫切需要解决的问题。从参与本次调查的规模以上粮食加工与制造企业产能情况看，稻谷加工、小麦加工、玉米加工和淀粉及淀粉制品制造企业的年均生产能力在6.6万吨、13.2万吨、15万吨和13.9万吨，高于糕点、面包制造（1.5万吨）和方便面及其他方便食品制造（1万吨）等行业企业产能。从调查数据看，粮食加工与制造业产能仍以稻谷加工等初级加工产能为主，且较2017年均有所增加，优质精深加工能力仍显不足，产能过剩问题依然存在。在城乡居民消费结构加快升级，多元化、个性化、定制化的粮油产品需求快速增长的情况下，优化稻谷、小麦加工产能，调整粮食深加工产业布局和产品结构，提高粮食深加工产品市场竞争力，有序发展粮食深加工产业，是推进粮食加工业结构调整、加快行业转型升级的重要举措。

（二）食用植物油加工企业产能继续增加

近年来，由于食用植物油市场需求快速增长，在一定程度上推动了行业快速扩张，油料加工企业进入规模化发展时期，尤其是在沿海地区，大规模的油料加工企业不断涌现。但在经历快速发展阶段后，自2011年开始，随着国家政策调控的加强、市场环境的变化，食用植物油行业正式进入了去除产能阶段，步入新的调整期。2018年，参与本次调查的规模以上食用植物油加工企业中，50%左右的企业产能在0.5万～8.8万吨/年，平均产能8.1万吨/年，较2017年增加0.3万吨/年；50%左右的企业开工率在54.1%～90.1%，平均开工率为71.2%，比2017年略上升0.3个百分点。非食用植物油加工企业中，50%左右的企业产能在0.3万～5.3万吨/年，平均产能4.7万吨/年，较2017年减少0.4万吨/年；50%左右的企业开工率在61.6%～94%，平均开工率为76.2%，高于食用植物油加工业，但比2017年下降0.4个百分点。

（三）低端产能过剩问题依然存在

随着经济持续快速发展，人们的生活方式以及食物结构正在发生变化，对肉类初级产品和肉制品的需求不断增长。因此，肉类加工业具备良好的发展基础和市场条件，不断增长的市场需求、较高的盈利性以及相对低的进入门槛，吸引了企业继续加入。企业纷纷引入先进生产线、扩大产能，但加工产能未能得到充分利用。2018年，参与本次调查的规模以上肉类加工企业中，分行业看，50％左右的牲畜屠宰企业产能在 0.8 万～6 万吨/年，平均产能 6.1 万吨/年，较 2017 年增加 0.1 万吨/年；50％左右的禽类屠宰企业产能在 1.3 万～7.3 万吨/年，平均产能 6.3 万吨/年，较 2017 年增加 0.6 万吨/年；50％左右的肉制品及副产品加工企业产能在 0.3 万～2.2 万吨/年，平均产能 4.7 万吨/年，较 2017 年增加 0.3 万吨/年；50％左右的肉/禽类罐头制造企业产能在 0.5 万～4.3 万吨/年，平均产能 2.6 万吨/年，较 2017 年减少 0.4 万吨/年。我国现有肉类加工企业多是屠宰、肉类产品初加工与肉制品加工兼业经营，从上市公司的数据看，关联产品主要包括活畜禽、鲜肉和冷却肉、冷冻肉等的营业收入占比高于肉制品加工营业收入占比。关联产品对肉制品生产有较大影响以及屠宰行业大企业少，小企业多，整体实力不强，市场整合力弱，都是牲畜屠宰和禽类屠宰企业产能明显高于肉/禽类罐头等肉制品企业产能的重要原因。此外，行业外企业短期内可以通过简单地投资生产线扎堆进入，行业内企业主要通过扩大规模、降低成本来获得竞争优势，高端产能不足或者利用率不高，造成了行业低端产品的恶性竞争。

三、产业链发展情况

随着农村产业融合发展深入推进，越来越多的农产品加工企业通过向前端延伸带动农户建设原料基地，向后端延伸建设物流营销和服务网络，发展物流营销、电商平台等业态，进行全产业链布局，实现农产品生产、加工、物流、研发和服务一体化发展。

（一）原料基地化趋势凸显

原料基地建设是农产品加工企业进行全产业链布局的基础，2018 年 75％的农产品加工企业通过自建生产基地或订单生产基地方式进入种植业或养殖业。参与本次调查的规模以上农产品加工企业中有自建生产基地和订单生产基地的分别占 64.6％和 56.3％，46％的企业通过自建生产基地和订单生产基地采购原料。农产品加工企业通过自建生产基地或订单生产基地的方式建立原料来源渠道，一方面，为企业生产提供优质原料的同时，基地通过实施标准化生产和产业化经营，有效提高产品标准化生产、品牌化经营水平和效益。另一方面，企业依托基地发展生产，推行"公司＋基地＋农户"等多种模式，实施先订单后生产、按质量定价格、优质优价机制，带动农民增收，促进经济发展。

分规模看，大型企业发挥自身资金、技术等方面优势，积极通过自建原料生产基地或以订单合同开展服务等模式，使企业的原料来源得到了基本保障，提升了自身产品的市场竞争力，同时也在一定程度上解决了农产品买难卖难的问题。参与本次调查的规模以上大型企业中，有自建生产基地或订单生产基地的占 83.7％，中型企业占 80.8％，小型企业占 74.3％。大型企业有自建生产基地占比也高于中、小型企业，为 73.8％，较中、小型企业分别高 3.6 和 10 个百分点（图 1-6）。

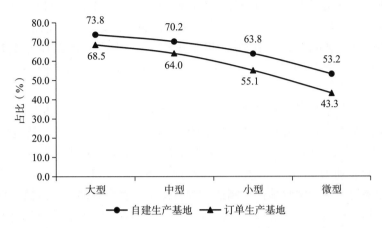

图 1-6　分规模农产品加工企业有自建和订单生产基地占比

（二）信息化推动全产业链发展

当前，以智能制造为代表的新一轮产业变革迅猛发展，数字化、网络化、智能化日益成为制造业的主要趋势。农产品加工企业运用互联网技术，实现了生产、质量管理、销售、供应链建设等方面的信息化、智能化，从而推动了农产品加工业全产业链的改造升级。

在生产环节，农产品加工企业以提高数字化管理和智能化生产能力为主要途径，促进实现制造业端的信息化。一方面，农产品加工企业依托数字化信息平台系统，对生产设备进行维护、对生产成本进行实时统计、对生产过程进行追溯、对制成产品进行实时统计、对产品质量进行监控，及时搜集、反馈产销信息，以便于对销售、物流、仓储、设备以及生产全过程进行把控。另一方面，数字化的管理系统和自动化的生产系统衔接，利于农产品加工企业综合应用物联网、生产自动化、智能制造等信息技术开展生产。传统蛋品加工企业在禽蛋的生产与加工环节进行环境监控系统、物料配给系统以及可视化监测系统的智能化升级，从而实现生产环节的预警、无缝溯源和智能控制等智能化改造。

随着互联网技术的广泛应用，以"线上支付＋线下体验"为主要形式的电子商务销售已经成为一种较为常见的销售模式。农产品加工企业以大数据电商销售、互联网技术综合运用形成新零售业态为主要途径，推动实现商业端的信息化。目前，越来越多的农产品加工企业正依托大数据分析、云计算、移动互联网等信息技术，建立起以满足消费者需要为主要特征、较过去更为高效快捷的销售新业态、新模式，对传统的电商销售渠道进行完善补充。目前农产品加工企业在销售环节实现信息化主要有两个方面的途径。一是加工企业与第三方电子商务平台合作，利用开发大数据信息分析消费者行为，推动企业电子商务销售发展；二是基于大数据、云计算、移动互联网、现代物流配送等技术的综合利用，建立新零售业态服务模式，重塑企业销售端渠道，最大化产品与服务价值。

开展电子商务企业比例继续攀升。近年来，在国家相关政策的有利推动下，《电子商务"十三五"发展规划》等文件相继发布，"宽带中国"战略深入落实，"互联网＋"行动积极推进。电子商务市场发展保持稳健增速，农产品加工企业的参与程度持续加深，开展在线销售的比例大幅提高。2018 年，参与本次调查的规模以上农产品加工企业中，开展电子商务交易的企业占 42.6%，比 2017 年上升 2.8 个百分点，比 2016 年上升 5.9 个百分点，企业电子商务开展比例持续上升。其中，园区内企业开展电子商务比例为 50.4%，非园区内企业为 36%。

分行业看，精制茶加工业在开展电子商务方面有明显优势。2018 年，食用类农产品加工业中，精制茶加工企业开展电子商务的比例为 67.2%，明显高于其他行业企业（图 1-7）。蛋品加工、果蔬加工、乳品加工、植物油加工、粮食原料酒制造和肉类加工企业开展电子商务比例分别为 59.6%、52.3%、52.1%、51.6%、48.7% 和 43.9%，均高于农产品加工企业平均水平。粮食加工与制造、饲料加工、水产品加工、制糖、烟草制造和中药制造企业受其自身销售目标群体、产品特点等因素影响，开展电子商务比例低于农产品加工企业平均水平，基本保持稳定。

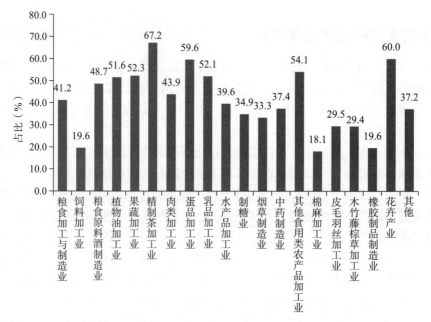

图 1-7　分行业农产品加工企业开展电子商务比例

（三）龙头企业助力农民增收

在某一个行业中，龙头企业对同行业的其他企业具有较大的影响作用，在产业的发展中起到的是号召、引导、示范的作用。随着龙头企业不断壮大，逐渐打造出一条产加销、贸工农相互配套、协调发展的完整产业链条。龙头企业通过合同溢价、合作返利、保底收益、股份分红等形式，建立农民与企业的利益联结机制，将产业链的一部分收益让渡给农户，形成企业与农户风险共担新机制，让农户分享加工增值和融合发展的收益。当前在经济下行和部分农产品价格下行"两个压力加大"的背景下，增加农民收入难度更大，区域性、群体性农民减收的可能性也在明显增加。因此，发挥龙头企业带动农民增收的作用更为关键。许多农业产业化龙头企业为将企业发展与农民增收结合起来，在完善同农户等利益相关者的利益联结机制方面积极探索。龙头企业通过以上模式，促进了市场的进一步开拓，带动了农户和区域经济的快速发展，进一步实现了对农业和农村经济的结构调整，在推动商品经济发展的同时，促进了农业增收以及提高了农民的收入。

2018 年，参与本次调查的规模以上农产品加工企业中，区县级及以上龙头企业占88.1%。其中，国家级、省级龙头企业和部分市级龙头企业填报了相关就业带动情况指标。

订单合同、专业合作等传统模式仍占主导地位。2018 年，国家级和省级农产品加工业龙头企业通过合同联结、合作联结、股份合作联结及其他方式带动农户 4 122.4 万人，较 2017 年增加 295.4 万人。合同联结、合作联结这两种利益联结方式发展时间较长，群众基础较好，获得了新型农业经营主体和小农户的普遍认同。其中，农户与企业直接签订规范的收购、销售合同或企业与专业大户、村委会、乡镇政府和各类中介组织签订合同的合同联结方式仍为最主要的带动方式，占 52.8%，较 2017 年上升 0.9 个百分点（图 1-8）。企业牵头兴办或领办合作社，通过合作社带动农户，以及企业与基地农户建立稳定的产销合作关系，企业对基地农户采取多种方式实行利益返还，农户严格按照企业要求进行生产、销售的合作联结方式和其他方式也是重要的带动方式，分别占 20.1% 和 24.5%。农民以资金、生产设备、产品等要素直接参股入股企业，并通过股份取得收益，以及农民合作社参股入股企业，并通过股份取得收益，农民合作社内部能享受股份收益的股份合作联结方式带动农户数量增长最快，较 2017 年增长 37.2%，但占比为 2.5%，仍较低。

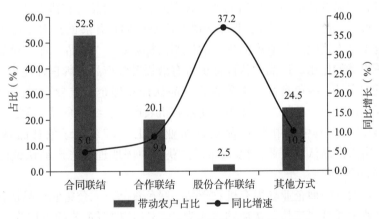

图 1-8 不同方式带动农户数量占比及同比增速

农户参与分享增值收益方式多元化。随着农村一二三产业融合发展，如何让农户分享到加工、流通环节的增值收益，是进一步完善利益联结机制的重要方向。以购销合同为主的合作关系虽然促进了农户与市场的对接，解决了农产品"卖难"问题，让农民降低了生产成本，得到了合同约定的收入，但在分享产后环节增值收益方面仍有改善空间。各级龙头企业在订单合同、专业合作的基础上，逐步建立股份合作型的利益联结机制，通过土地经营权、农机具、资金等入股，让农民成为股东，直接分享收益。2018 年，参与本次调查的规模以上农产品加工企业采取合同溢价、合作返利、保底收益、股份分红和土地租金等方式，使农户共分享增值收益 385 亿元，较 2017 年增长 9.9%。其中，合同溢价仍是农户分享增值收益的主要途径，占 61.1%；其次是合作返利方式，占 15.3%，保底收益等方式占 23.6%。此外，保底收益和股份分红方式资金增速有所放缓，其他方式资金增速均不同程度上升。其中，合作返利和土地租金方式使农户分享增值收益的资金金额增长最快，比 2017 年分别增长 12.4% 和 12.6%。

省级及以上龙头企业带动增收能力较强。省级及以上龙头企业通过积极建立多种利益联结机制，密切与农户间的联结关系，带动农户共同发展，拓展农户的增收渠道，成为带动农户增收的生力军。2018 年，国家级龙头企业平均带动农户 21 530 户，省级龙头企业平均带动农户 6 833 户。其中，国家级龙头企业通过合同联结方式平均带动农户 12 251 户，省级龙头企业平均带动农户 3 552 户，同比分别增长 8% 和 4.4%。

四、质量提升、品牌建设与科技创新情况

农业品牌建设既是农业高质量发展的重要引领，也是农业高质量发展的重要标志。农业高质量发展必须以品牌建设为引领，从顶层设计到各个环节系统地部署推动，最终将资源优势转化为产业优势和市场优势。2018 年，主要农产品例行监测合格率达到 97.5%，农产品质量安全保持稳中向好的发展态势。

（一）多数企业重视"三品一标"认证

我国针对农产品的认证主要包括无公害农产品、绿色食品、有机农产品和农产品地理标志认证，简称"三品一标"，是农业部（现农业农村部）开展的针对遵循可持续发展原则、按照特定生产方式生产的农产品进行的证明商标认证。"三品一标"对品牌的塑造和维护都起到了很大的作用。产品的认证标识可有效提升农产品品牌信任能力。

获得有机农产品、绿色食品、无公害农产品认证管理企业差异明显。2018 年，参与本次调查的规模以上农产品加工企业中，获得有机农产品、绿色食品、无公害农产品认证的企业占比 41.2%。其中有机农产品认证企业占比 10.2%，绿色食品认证企业占比 17.6%，无公害农产品认证企业占比 13.4%。获得中国地理标志产品认证的企业占全部调查企业的 13.6%。

分规模看，大、中型企业获得有机农产品、绿色食品、无公害农产品认证的比例相对较高。大型企业中通过"三品"认证的占比为 48.3%，中型企业的占比为 42.6%，小型企业的占比为 40.6%，微型企业的占比为 41.7%，中、小、微型企业通过认证数量占比相差不大。

（二）质量安全保障体系建设进一步加强

农产品质量安全涉及面广、内容多、政策性强，涵盖农业产前、产中、产后全环节，涉及种植、畜牧、渔业等各行业。农产品质量安全例行监测工作实行以来，形成了一套比较成熟的例行监测制度，为发现问题隐患、开展风险预警、加强风险防控、组织风险评估和加强执法监管提供了有力的技术支撑，其结果已成为评估我国农产品质量安全状况的主

要指标和各级政府部门监管决策的重要依据。

2018 年，农产品质量安全保持稳中向好态势。从质量管理体系来看，建有产品质量管理制度的企业占比 81.8%，较 2017 年上升 4.2 个百分点；建有专门质检机构的企业占比 68.7%，较 2017 年上升 2.1 个百分点；建有通过计量认证的质检机构的企业占比 33%。

分行业看，开展产品质量管理制度和机构建设的食用类农产品加工企业占比显著高于非食用类农产品加工企业。非食用类企业建有产品质量管理制度、专门质检机构和通过计量认证的质检机构的企业分别占 65.4%、53.3%、25.2%；食用类企业分别占 85.9%、72.6%、35%。其中，乳品加工业、中药制造业、制糖业、植物油加工业和粮食原料酒制造业中建有专门质检机构的企业占比高于其他行业，分别为 87.2%、82.7%、81.4%、76.4% 和 75.7%（图 1-9）。

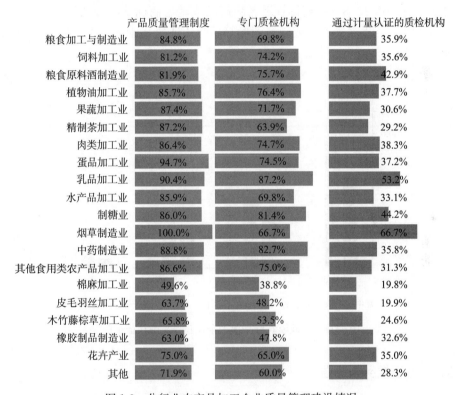

图 1-9　分行业农产品加工企业质量管理建设情况

分规模看，大型企业建有产品质量管理制度、专门质检机构和通过计量认证的质检机构的企业占比最大，小型企业的建有数量最多，微型企业的建有数量占比最小（图 1-10）。

产品质量管理制度　　专门质检机构　　通过计量认证的质检机构

	产品质量管理制度	专门质检机构	通过计量认证的质检机构
大型	94.5%	87.8%	48.9%
中型	89.7%	80.0%	38.7%
小型	80.7%	66.9%	31.6%
微型	65.0%	46.9%	26.8%

图 1-10　分规模农产品加工企业质量管理建设情况

（三）企业品牌培育情况良好

打造区域品牌是发展农产品品牌的重要性举措，对提升农产品的标准化、规模化、品牌化水平有巨大推动作用，是乡村振兴不可或缺的内容。目前，产能过剩逐渐成为很多行业的普遍现象，市场的竞争越残酷，品牌的重要性就越显突出。我国广大地区大都拥有优质的农产品，区域品牌众多，所以在面对残酷的市场竞争时，相比自建品牌，农民可将利用区域品牌作为一个相对可行的选择。因此，鼓励龙头企业创建自主品牌，可激发市场活力；支持中、小、微型企业共享区域品牌，可助推乡村振兴。

2018 年，参与本次调查的规模以上农产品加工企业中，获得省级以上名牌产品或驰名商标等品牌认证的占调查企业数量的 33.1%。获得中国名牌产品证书的占 17.2%，获得中国驰名商标的占 19.8%；获得省级名牌产品或驰名商标等品牌认证的占 32.3%。分规模看，大型企业获得名牌产品或驰名商标等品牌认证的企业数量占比最高，为 97.5%，中型企业占比 58.6%，小型企业占比 31.6%（图 1-11）。

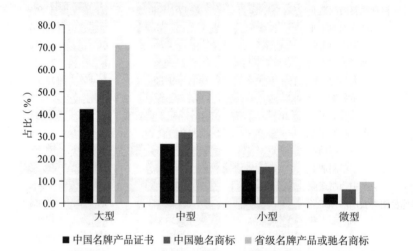

图 1-11　分规模农产品加工企业获得品牌认证情况

（四）企业研发实力增强

科技创新是推动科学发展的强大动力。品牌建设是产业振兴的重要支撑。加快转变经济发展方式，实现经济又好又快发展，必须依靠科技的力量，把品牌建设作为核心战略，以创新促转型，以品牌建设带动发展。2018 年，参与本次调查的规模以上农产品加工企业中，建有专门研发机构的企业占比 45.2%，较 2017 年上升 3.2 个百分点。其中，建有省级及以上研发中心的企业占比 21.1%，上升 0.7 个百分点。大、中、小、微型企业建有专门研发机构，是推动产业转型升级的关键环节，为科技创新提供平台支持。微型企业也开始更加重视技术创新。

分规模看，大型企业建有专门研发机构的比例最高。大型企业中建有专门研发机构的占比 82.3%，企业研发投入强度为 1.9%；中型企业中建有专门研发机构的占比 64%，研发投入强度为 1%；小型企业中建有专门研发机构的占比 41.6%，研发投入强度为 0.8%；微型企业中建有专门研发机构的占比 17.2%，研发投入强度为 0.3%。其中，大型企业中建有省级及以上研发中心的占比也较高，为 45.6%。

　　分行业看，各行业建立研发机构情况参差不齐。乳品加工业和中药制造业中研发机构占比也较高，分别为 66% 和 66.8%（图 1-12）。研发机构建立比例相对较低的行业包括制糖业、烟草制造、橡胶制品制造和棉麻加工等行业，分别为 33.7%、33.3%、26.1%、24.9%。

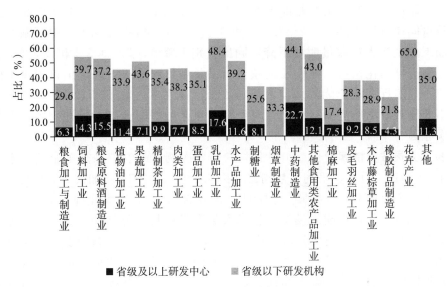

图 1-12　分行业农产品加工企业研发机构建设情况

　　相比国外，我国企业技术人员管理尚处在初级阶段，对技术人员管理的重视还不够。2018 年，企业技术人员数量的中位数是 7 人，平均数是 18 人，技术人员数量占员工总数的 5.9%，较 2017 年上升 1.7 个百分点。分规模看，小型企业拥有技术人员数量占比 7.5%，中型企业占比 5.3%，大型企业占比 5.6%，微型企业占比 10.5%。

五、行业用工及工资情况

　　2018 年，国内外形势复杂多变，经济结构调整和转型升级持续推进，农产品加工业从业人员数量、结构呈现出新的发展趋势，产业结构调整、市场需求变化、数字技术进步、劳动力成本上升等，对企业用工影响愈加明显。农产品加工业从业人员薪酬保持稳步增长，收入水平不断提高。

（一）从业人员结构积极调整

　　1. 员工人数由增转降　2018 年，参与本次调查的规模以上农产品加工企业员工总数由 2017 年增长转为下降趋势，平均每家企业员工人数为 249 人，较 2017 年下降 1.3%。用工人数减少的行业增多，农产品加工业 18 个大类行业中 13 个行业的用工人数较 2017

年减少，其他行业用工人数保持增长，但增幅出现收窄。从员工人数结构来看，生产人员数量占 69.8％，技术人员数量占 5.9％。其中，平均每家企业生产人员 178 人，同比下降 1.4％；平均每家企业技术人员 18 人，同比增长 6.8％。因此，生产人员数量下降是用工人数减少的主要原因。从分行业生产人员数量来看，粮食加工与制造、果蔬加工、肉类加工和水产品加工等传统劳动密集型行业吸纳就业人数较多。如果蔬加工业部分生产环节机械化普及程度低，对手工操作依赖程度高。上述行业生产人员数量分别占农产品加工业生产人员总数的 15.6％、17.2％、16.9％和 8.7％，合计占 58.4％。除粮食加工与制造业生产人员数量略有增长外，果蔬加工、肉类加工和水产品加工业生产人员数量同比分别下降 2.5％、2.2％和 3％。此外，植物油加工、中药制造和木竹藤棕草加工业生产人员数量明显下降，同比分别下降 6.1％、3.7％和 2.8％。企业主动或被动引进自动化设备，操作工人减少，以及原材料价格上涨、出口销售受阻等因素影响使企业实行淘汰产能等措施，都导致了行业用工人数下降。另外，企业经营管理方式不能随着市场形势的变化而及时调整，也是一些行业效益低迷、用工人数下降的深层次原因。

2. 技术人员数量持续增长　2018 年，参与本次调查的农产品加工企业技术人员数量较 2017 年增加 1 万人，平均人数同比增长 6.8％，比 2017 年加快 2.2 个百分点。分规模看，大型企业技术人员数量占全部员工人数的 5.6％，中型企业占 5.3％，小型企业占 7.4％。2018 年，不同规模企业技术人员数量增长明显加快。其中，大型、中型和小型企业技术人员数量同比分别增长 7％、7.5％和 8.1％，增速较 2017 年分别加快 4.8、3 和 2.3 个百分点。由此可见，在当前我国农产品加工业正在从快速发展阶段向质量提升阶段转型形势下，农产品加工业的产品质量在不断提升，产品的市场需求日益多元化，企业对科技创新关键人才队伍建设的需求更加迫切。大型企业在产业结构调整过程中表现稳健，对技术人员吸引力较强；小型企业表现灵活，引进人才力度不断加大。

（二）从业人员薪酬平稳增长

2018 年，农产品加工业就业形势总体稳定，虽然从业人员人数略有下降，但企业效益较快增长，为从业人员平均工资继续保持增长奠定了坚实基础。

1. 多数行业薪酬保持增长　2018 年，参与本次调查的规模以上农产品加工企业平均工资 3.7 万元，同比增长 6.1％，增速与 2017 年持平。18 个行业中，除粮食原料酒制造业和橡胶制品制造业外，其他行业从业人员薪酬均保持增长。其中，木竹藤棕草加工业、乳品加工业和棉麻加工业薪酬增长位居前三，同比分别增长 15.8％、10.9％和 8.6％。18 个行业中，11 个行业人均工资高于农产品加工业平均工资，行业间工资差距比较明显（图 1-13）。饲料加工业、乳品加工业和木竹藤棕草加工业人均工资较高，分别高出农产品加工业平均工资 1.5 万元、1.4 万元和 0.7 万元。果蔬加工业和精制茶加工业受其季节性生产特点显著，人均产出效率不高等因素影响，人均工资分别低于平均工资 0.9 万元和 1.5 万元。人均工资最高的饲料加工业人均工资为最低的精制茶加工业的 2.4 倍。

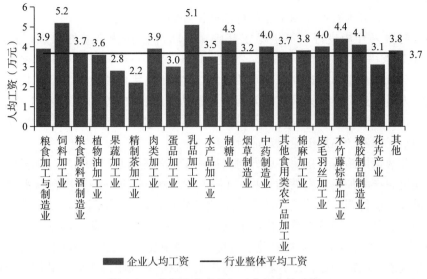

图 1-13 分行业农产品加工企业人均工资

2. 地区间薪酬仍有差距 分区域看，工资收入差距依然较为显著。2018 年，东部地区参与本次调查的规模以上农产品加工企业人均工资 4 万元，高出人均工资水平最低的东北地区 0.9 万元，收入差距没有缩小。中部地区人均工资与东部地区差距有所加大，西部地区保持不变。中部和西部地区人均工资分别为 3.2 万元和 3.4 万元，均低于农产品加工企业人均工资平均水平。从工资增长幅度看，东北地区人均工资增长幅度明显高于其他区域，同比增长 6.9%。西部和东北地区人均工资增幅较 2017 年分别加快 3 和 6.9 个百分点。东部和中部地区人均工资增幅缩小，其中东部地区降幅最大，为 2.8 个百分点。随着国家区域发展总体战略的实施，"一带一路"倡议的大力推进，中西部和东北地区区位条件正在持续改善，为农产品加工业发展提供了契机。从长期看，这些地区经济结构逐步向东部地区靠拢，对人才资源的需求将发生变化，对人才吸纳能力增强，与东部地区收入差距逐步缩小。

六、产业发展形势

（一）发展动能转换，产业转型升级面临有利形势

展望 2019 年，虽然农产品加工业发展环境依然复杂多变，面临较大下行压力，但产业发展积极因素增多，新旧动能转换加快，新产业、新业态发展壮大，行业有望继续保持平稳运行。

一是宏观经济形势趋稳，创造宽松环境。当前，我国经济总量再上新台阶，国内生产总值突破 90 万亿元，增速连续 16 个季度保持在 6.4%～7%，经济运行的稳定性和韧性明显增强。中央经济工作会议明确了 2019 年我国经济发展目标、政策和主要工作，提出坚持稳中求进工作总基调，统筹推进稳增长、促改革、调结构、惠民生、防风险工作，进

一步稳就业、稳金融、稳外贸、稳外资、稳投资、稳预期，保持经济运行在合理区间。稳定的宏观经济形势将为农产品加工业运行创造良好的外部环境。

二是乡村振兴开局良好，提供稳定基础。2018 年，粮食再获好收成，总产量达到 6 579 亿千克。农民收入持续较快增长，超过 14 600 元。农业科技进步贡献率、主要农作物耕种收综合机械化率分别达到 58.3% 和 67%，农业现代化建设迈出新步伐。返乡、下乡创新创业人员超过 780 万人，农村创新创业蓬勃发展。农产品加工业处于"农头工尾""粮头食尾"，一头连着农业、农村和农民，一头连着工业、城市和市民，大力实施乡村振兴战略有利于保障农产品加工业稳定运行。

三是产业政策措施有力指明发展方向。近两年，各地认真贯彻落实《国务院办公厅关于进一步促进农产品加工业发展的意见》（国办发〔2016〕93 号），出台一系列细化、实化的政策措施，取得明显成效。2018 年底，农业农村部联合 15 部门印发了《关于促进农产品精深加工高质量发展若干政策措施的通知》，进一步突出了发展重点，明确了政策要求。《中共中央　国务院关于坚持农业农村优先发展做好"三农"工作的若干意见》提出，大力发展现代农产品加工业，培育壮大乡村产业。这些政策措施为农产品加工业稳定运行指明了方向。

（二）突出精深加工，打造乡村产业发展高地

2019 年，将按照中央农村工作会议部署和中央 1 号文件要求，围绕"巩固、增强、提升、畅通"以促进乡村产业振兴，突出发展农产品精深加工，进一步推动农产品加工业高质量发展。

第一，提升精深加工技术装备水平。加强引导和统筹安排，从政策、资金和项目等方面加大精深加工技术和信息化、智能化、工程化装备研发支持力度，开发一批关键共性技术，提高关键装备国产化生产能力，促进加工副产物综合利用。鼓励企业加快生产设备改造升级，提高加工自动化水平，提升企业精深加工转化增值能力和技术装备水平。

第二，培育精深加工龙头企业。实施精深加工龙头企业培育行动，引导龙头企业建立现代企业制度和现代产权制度，加大龙头企业财政、土地、信贷、保险等政策支持力度。支持精深加工龙头企业采取兼并重组、股份合作、资产转让等形式，打造大型企业集团，向产业链中高端延伸。引导精深加工龙头企业增加科技研发投入，加大新产品、新技术、新模式开发力度，走创新发展和绿色发展之路。

第三，打造精深加工产业集群。支持粮食生产功能区、重要农产品生产保护区、特色农产品优势区、现代农业产业园依托县域建设一批农产品精深加工园区，打造一批农业产业强镇和加工强县，把产业链尽可能留在县域。依托现有加工园区、物流园区、产业集聚区等，认定和建设一批产业规模大、创新能力强、示范带动好的全国农产品精深加工示范基地。

第四，创响精深加工知名品牌。以农产品精深加工增品种、提品质、创品牌为主要内容，打造一批高端产品品牌，培育一批著名企业品牌，创响一批区域公共品牌。引导精深加工企业牢固树立以质量和诚信为核心的品牌观念，弘扬精益求精和追求卓越

的"工匠精神"，建设全程质量控制、清洁生产和可追溯体系，提升企业品牌美誉度和市场竞争力。

七、乡村产业发展相关政策

2018—2019 年，中共中央、国务院、农业农村部、地方政府相继出台了多部有关乡村产业发展的政策文件。根据内容相关度，选择对包括 2018 年中央 1 号文件《关于实施乡村振兴战略的意见》《关于乡村产业振兴的指导意见》《关于坚持农业农村优先发展做好"三农"工作的若干意见》《乡村振兴战略规划（2018—2022 年）》《2019 年乡村产业工作要点》在内的 23 份相关政策文件进行梳理（附件 1）。

1. 乡村数字产业发展 《数字乡村发展战略纲要》《关于乡村产业振兴的指导意见》《关于坚持农业农村优先发展做好"三农"工作的若干意见》《乡村振兴战略规划（2018—2022 年）》提出深入推进"互联网＋"农业、发展乡村信息产业的政策目标，旨在建立农村信息中心，并借此打造互联网农业新业态。一方面，要求整合建设农村大数据中心，利用农村基础数据服务产业发展。同时，加快推动农村电子商务服务中心和农村物流园区的建设发展。另一方面，推进互联网与农业的深度融合，借助互联网渠道发展乡村农业新业态。

在地方出台的政策文件中，四川省政府发布的《关于加快推进数字经济发展的指导意见》提出加快农业农村数字化进程的发展要求，其发展方向与中央制定的乡村数字发展战略一脉相承。既强调加快农村大数据中心、农业数字园区、农村物流基建的建设脚步，又重视数字化技术在农业生产经营中的应用。

2. 乡村休闲旅游产业发展 《关于乡村产业振兴的指导意见》《关于坚持农业农村优先发展做好"三农"工作的若干意见》《乡村振兴战略规划（2018—2022 年）》《关于促进全域旅游发展的指导意见》《2019 年乡村产业工作要点》《关于加强和改进乡村治理的指导意见》等指出旅游业、生态、乡村文化与农业相融合的发展方向，实施休闲农业和乡村旅游精品工程，探索发展包括休闲农业、观光农业、创意农业、新型疗养等多项新型乡村新业态。其中，《国家生态文明试验区（海南）实施方案》还提出了将乡村旅游业与生态文明相结合的发展思路，在海南全域旅游发展的基础上，推动乡村生态景区建设，发展乡村生态型旅游新业态。

地方上，河北省政府办公厅出台的《关于大力推进康养产业发展的意见》、湖北省政府办公厅出台的《关于进一步支持民族乡村加快发展的意见》、贵州省政府办公厅出台的《关于支持毕节市加快旅游业发展的意见》都遵循了在具有优势的地区发展乡村旅游业的原则，以农业休闲康养、民族特色旅游、生态休闲旅游业带动当地乡村产业发展。

3. 乡村特色产业发展 乡村特色产业发展要求因地制宜、多样特色发展，倡导"一寸一品""一县一业"。《关于坚持农业农村优先发展做好"三农"工作的若干意见》《关于促进乡村产业振兴的指导意见》《关于打赢脱贫攻坚战三年行动的指导意见》《乡村振兴战略规划（2018—2022 年）》《关于加强和改进乡村治理的指导意见》等政策文件对乡村特色产业发展给出指导方向。一是强调特色农产品优势区的建设。针对具有民族和地域特色的优势品类，加大发展支持力度，打造现代化标准生产基地、创响一批"土字号""乡字号"特色品牌。二是以特色产业带动贫困地区乡村产业发展。深入实施贫困地区特色产业提升工程，带动贫困户增收。三是发展乡村特色文化产业。通过对农村非物质文化遗产的传承与创新，促进乡村特色文化产业发展。

地方政策中，湖北省政府办公厅出台的《关于进一步支持民族乡村加快发展的意见》和辽宁省政府办公厅出台的《关于加快发展牛羊驴特色产业的意见》分别根据区位优势、地方特色指明了民族乡村特色产业和特色畜牧业的发展方向。

附件1：

中央政策

发布单位	时间	文件名称	主要内容
国务院	2019年6月28日	《国务院关于促进乡村产业振兴的指导意见》	二、突出优势特色，培育壮大乡村产业 三、科学合理布局，优化乡村产业空间结构 四、促进产业融合发展，增强乡村产业聚合力 五、推进质量兴农绿色兴农，增强乡村产业持续增长力 六、推动创新创业升级，增强乡村产业发展新动能 七、完善政策措施，优化乡村产业发展环境 八、强化组织保障，确保乡村产业振兴落地见效
中共中央办公厅、国务院办公厅	2019年5月16日	《数字乡村发展战略纲要》	（二）发展农村数字经济 推进农业农村大数据中心和重要农产品全产业链大数据建设，推动农业农村基础数据整合共享。 积极发展乡村新业态。推动互联网与特色农业深度融合，发展创意农业、认养农业、观光农业、都市农业等新业态，促进游憩休闲、健康养生、创意民宿等新产业发展，规范有序发展乡村共享经济。
中共中央办公厅、国务院办公厅	2019年6月23日	《关于加强和改进乡村治理的指导意见》	（十）加强农村文化引领。加强基层文化产品供给、文化阵地建设、文化活动开展和文化人才培养。传承发展提升农村优秀传统文化，加强传统村落保护。结合传统节日、民间特色节庆、农民丰收节等，因地制宜广泛开展乡村文化体育活动。加快乡村文化资源数字化，让农民共享城乡优质文化资源。挖掘文化内涵，培育乡村特色文化产业，助推乡村旅游高质量发展。加强农村演出市场管理，营造健康向上的文化环境。
中共中央办公厅、国务院办公厅	2019年5月12日	《国家生态文明试验区（海南）实施方案》	2. 推动生态农业提质增效。全面建设生态循环农业示范省，加快创建农业绿色发展先行区，推进投入品减量化、生产清洁化、产品品牌化、废弃物资源化、产业模式生态化的发展模式。 3. 促进生态旅游转型升级和融合发展。加快建设全域旅游示范省，充分发挥海南特有的热带海岛旅游资源优势，推动生态型景区和生态型旅游新业态新产品开发建设，构建以观光旅游为基础、休闲度假为重点、文体旅游和健康旅游为特色的生态旅游产业体系。
中共中央办公厅、国务院办公厅	2019年2月21日	《关于促进小农户和现代农业发展有机衔接的意见》	（二）带动小农户发展新产业新业态。大力拓展农业功能，推进农业与旅游、文化、生态等产业深度融合，让小农户分享二三产业增值收益。加强技术指导、创业孵化、产权交易等公共服务，完善配套设施，提高小农户发展新产业新业态能力。支持小农户发展康养农业、创意农业、休闲农业及农产品初加工、农村电商等，延伸产业链和价值链。开展电商服务小农户专项行动。支持小农户利用自然资源、文化遗产、闲置农房等发展观光旅游、餐饮民宿、养生养老等项目，拓展增收渠道。

（续）

发布单位	时间	文件名称	主要内容
中共中央、国务院	2019年4月15日	《关于建立健全城乡融合发展体制机制和政策体系的意见》	五、建立健全有利于乡村经济多元化发展的体制机制 建立新产业新业态培育机制。构建农村一二三产业融合发展体系，依托"互联网＋"和"双创"推动农业生产经营模式转变，健全乡村旅游、休闲农业、民宿经济、农耕文化体验、健康养老等新业态培育机制，探索农产品个性化定制服务、会展农业和农业众筹等新模式，完善农村电子商务支持政策，实现城乡生产与消费多层次对接。适应居民消费升级趋势，制定便利市场准入、加强事中事后监管政策，制定相关标准，引导乡村新产业改善服务环境、提升品质。在年度新增建设用地计划指标中安排一定比例支持乡村新产业新业态发展，探索实行混合用地等方式。严格农业设施用地管理，满足合理需求。
中共中央、国务院	2019年2月19日	《关于坚持农业农村优先发展做好"三农"工作的若干意见》	四、发展壮大乡村产业，拓宽农民增收渠道 （一）加快发展乡村特色产业。 （二）大力发展现代农产品加工业。 （三）发展乡村新型服务业。 （四）实施数字乡村战略。 （五）促进农村劳动力转移就业。 （六）支持乡村创新创业。
中共中央、国务院	2018年6月15日	《关于打赢脱贫攻坚战三年行动的指导意见》	（一）加大产业扶贫力度 深入实施贫困地区特色产业提升工程，因地制宜加快发展对贫困户增收带动作用明显的种植养殖业、林草业、农产品加工业、特色手工业、休闲农业和乡村旅游，积极培育和推广有市场、有品牌、有效益的特色产品。 支持有条件的贫困县创办一二三产业融合发展扶贫产业园。 实施中药材产业扶贫行动计划，鼓励中医药企业到贫困地区建设中药材基地。
中共中央、国务院	2018年9月26日	《乡村振兴战略规划（2018—2022年)》	第五篇　发展壮大乡村产业 第十六章　推动农村产业深度融合 第一节　发掘新功能新价值 第二节　培育新产业新业态 第三节　打造新载体新模式 第十七章　完善紧密型利益联结机制 第一节　提高农民参与程度 第二节　创新收益分享模式 第三节　强化政策扶持引导 第十八章　激发农村创新创业活力 第一节　培育壮大创新创业群体 第二节　完善创新创业服务体系 第三节　建立创新创业激励机制

（续）

发布单位	时间	文件名称	主要内容
中共中央、国务院	2018年2月4日	《关于实施乡村振兴战略的意见》	三、提升农业发展质量，培育乡村发展新动能 （一）夯实农业生产能力基础。 （二）实施质量兴农战略。 （三）构建农村一二三产业融合发展体系。
国务院	2018年12月29日	《国务院关于加快推进农业机械化和农机装备产业转型升级的指导意见》	二、加快推动农机装备产业高质量发展 （三）完善农机装备创新体系。 （四）推进农机装备全产业链协同发展。 （五）优化农机装备产业结构布局。 （六）加强农机装备质量可靠性建设。
国务院办公厅	2018年3月22日	《国务院办公厅关于促进全域旅游发展的指导意见》	（五）推动旅游与农业、林业、水利融合发展。大力发展观光农业、休闲农业，培育田园艺术景观、阳台农艺等创意农业，鼓励发展具备旅游功能的定制农业、会展农业、众筹农业、家庭农场、家庭牧场等新型农业业态，打造一二三产业融合发展的美丽休闲乡村。积极建设森林公园、湿地公园、沙漠公园、海洋公园，发展"森林人家"、"森林小镇"。科学合理利用水域和水利工程，发展观光、游憩、休闲度假等水利旅游。

部委政策

发布单位	时间	文件名称	主要内容
农业农村部办公厅、财政部办公厅	2019年6月17日	《关于做好2019年农业产业强镇示范建设工作的通知》	一是壮大农业主导产业。依托镇域1—2个农业主导产业，着眼全产业链培育，支持建设规模化、标准化、专业化绿色生产基地，扶持发展农产品初加工、精深加工、综合利用，支持建设仓储物流体系，创建区域品牌、产品品牌，培育新业态新模式，推进产业深度融合，构建特色鲜明、布局合理、创业活跃、联农紧密的乡村产业体系，示范引领城乡融合发展。 二是培育产业融合主体。扶持一批管理规范、运营良好、联农带农能力强的农民合作社、家庭农场，培育壮大一批产业基础好、发展前景足、引领动力强的农产品加工企业，发展一批专业水平高、服务能力强、服务行为规范、覆盖农业产业链条的生产性服务组织，打造一批以龙头企业为引领、以合作社和家庭农场为纽带、以农户为基础的农业产业化联合体，增强乡村产业发展的内生动力。
农业农村部乡村产业发展司	2019年3月4日	《2019年乡村产业工作要点》	一、加力推进融合发展，增强乡村产业发展聚合力 二、大力发展农产品精深加工，打造乡村产业发展高地 三、聚力发展特色产业，拓展乡村产业发展空间 四、培育壮大龙头企业，增强乡村产业发展活力 五、积极发展乡村休闲旅游，增添乡村产业发展亮点 六、促进农村创新创业升级，增强乡村产业发展新动能 七、大力推动产业扶贫，助力打赢脱贫攻坚战

地方政策

发布单位	时间	文件名称	主要内容
海南省人民政府	2019 年 3 月 24 日	《海南省人民政府关于支持产业项目发展规划和用地保障的意见（试行）》	（二十五）加快农村集体土地制度改革，允许农村集体建设用地入市发展产业项目。 允许实施美丽乡村、全域旅游等占用农用地的产业项目保留集体用地性质，采取"只转不征"方式落实项目用地。鼓励利用农村集体建设用地进行经营性基础设施、公益设施项目建设。
山东省人民政府办公厅	2018 年 7 月 23 日	《山东省人民政府关于印发山东省新旧动能转换现代高效农业专项规划（2018—2022 年）的通知》	（一）挖掘结构调整新动能。调优调新产业产品结构，做大做强优势特色产业，增强传统产业发展活力。 （二）培育跨界融合新动能。坚持融合发展，积极发展农业"新六产"，构建农产品从田头到餐桌、从初级产品到终端消费无缝对接，集生产生活生态功能于一体的产业新体系，实现从单一产业向全链条、多功能、新业态发展的动能转换。 （三）强化品牌引领新动能。品牌化是建设农业强省的重要驱动力。通过标准提升、高端引领，实现从依靠数量规模扩张向质量兴农、品牌富农的动能转换。 （四）增强创新驱动新动能。坚持创新驱动，推进产业智慧化、智慧产业化，综合应用工程装备技术、生物技术、信息技术、环境技术，加快发展设施农业，推进从拼资源拼消耗向科技强农、绿色护农的动能转换。 （五）提升主体培育新动能。坚持集约发展，通过机制创新，探索小农户与现代农业发展有机衔接的新途径，实现从小规模分散经营向新型经营主体适度规模经营的动能转换。 （六）激发农村改革新动能。坚持深化农村改革，积极探索，稳步推进，激发农业农村内生发展动力。
河北省人民政府办公厅	2018 年 10 月 9 日	《关于大力推进康养产业发展的意见》	3. 发展农业休闲康养品牌。打造创意体验或参与式农业康养，依托全省农业资源，推进健康养生项目与种植养殖基地、农耕文化、民俗风情相结合，提高创意设计水平和艺术品位。开发田园观光、农耕民俗体验、乡村度假等多种乡村休闲业态，设计田园休闲健康旅游精品线路，扶持建设一批休闲农业公园和田园康养综合体，拓展面向全国的农业康养休闲区。充分挖掘张家口、承德、石家庄市温泉地热水体资源，培育以温泉疗养、温泉保健等为调养手段的健康养生业态，建设一批集休闲度假、特色医疗、保健养生于一体的温泉养生小镇、温泉度假城、温泉保健疗养基地。

（续）

发布单位	时间	文件名称	主要内容
湖北省人民政府办公厅	2018年11月7日	《关于进一步支持民族乡村加快发展的意见》	（六）扶持民族乡村特色产业发展。省发展改革委要指导民族乡村制定完善特色产业发展规划，支持民族乡村发展特色支柱产业，力争形成"一乡一品、一村一业"。省经信委要积极支持民族乡村建设农业信息化示范项目、发展智慧农业，支持有条件的民族乡村发展中草药产业。省人社厅、省商务厅要积极支持民族乡村开展创业培训，加强对创业孵化基地建设和特色产业、电子商务创业的支持指导。省财政厅、省民宗委、省人行等要切实落实民族贸易和民族特需商品定点生产企业的财政、金融、税收等优惠政策。省农业厅、省林业厅等要加强对民族乡村农（林、牧、渔）业产业发展的项目和资金支持。省文化厅、省旅游委要支持民族乡村积极打造生态旅游和休闲养生基地，加强对民族乡村精品民宿、农家乐综合体建设的指导，推动民族乡村旅游产业发展和旅游扶贫。
福建省农业厅、福建省发展和改革委员会、福建省财政厅、福建省国土资源厅、中国人民银行福州中心支行	2018年2月27日	《关于促进农业产业化联合体发展的实施意见》	加快培育发展一批以农业龙头企业为引领、农民合作社为纽带、家庭农场为基础的农业产业化联合体，推动全省一体化农业经营组织联盟上规模、上水平，力争到2022年全省农业产业化联合体数量达到2 000个，其中省级示范联合体200个以上。
四川省人民政府	2019年8月1日	《关于加快推进数字经济发展的指导意见》	（十一）加快农业农村数字化进程。完善农业农村领域统计监测、预警防控、质量安全、综合服务等信息系统建设，推进农业大数据开放共享。开展全省数字农业示范工程建设，推进现代农业园区数字农业工程。推动农业电商经营体系建设，重点打造"川"字号农产品网上展示平台。推动信息进村入户与基层农技推广体系、农业信息服务体系融合，就近为农民和新型农业经营主体提供培训体验服务。
贵州省人民政府办公厅	2019年3月27日	《关于支持毕节市加快旅游业发展的意见》	（五）支持毕节市加快乡村旅游转型升级。按照贵州省乡村旅游建设"三个标准"，优先推动毕节市七星关区七星古城，大方县慕俄格古彝文化旅游景区、油杉河村，金沙县后山古镇、开化社区、金新村，黔西县营盘村、莲城金街、柳岸水乡，织金县大嘎村，纳雍县枪杆岩村、陶营村，百里杜鹃管委会永兴村、启化村和金海湖新区青山村等15个乡村旅游古镇及村寨提档升级，支持建设一批设施完备、功能多样的农业休闲观光园区、特色小镇和特色小城镇、共享农庄、田园综合体等休闲农业和乡村旅游点，创建一批全国休闲农业乡村旅游示范县和示范点、美丽休闲乡村、甲级乡村旅游村寨、五星级乡村旅游经营户、精品级乡村旅游客栈，强化旅游助力乡村振兴。

（续）

发布单位	时间	文件名称	主要内容
辽宁省人民政府办公厅	2018年7月23日	《关于加快发展牛羊驴特色产业的意见》	深入贯彻落实《中共辽宁省委辽宁省人民政府关于贯彻〈中共中央、国务院关于实施乡村振兴战略的意见〉的实施意见》（辽委发〔2018〕1号），推进实施乡村振兴战略和辽宁"五大区域发展战略"，优化调整全省畜牧业结构，增强特色畜产品市场供应能力，促进农民就业增收。
吉林省人民政府	2019年3月1日	《吉林省乡村振兴战略规划（2018—2022年）》	第六章　发展壮大乡村产业 加快推进农村现代化 一、促进一二三产业融合发展 二、促进农村创业就业发展 （一）培育壮大创新创业就业群体 （二）完善创新创业就业服务体系 （三）健全创新创业激励机制 三、加快县域经济振兴发展 （一）大力推进县域新型工业化 （二）推动服务业集聚发展 （三）优化乡村产业发展软环境

第二章 / 粮食产业发展情况

2018 年，全国纳入粮食产业经济统计的企业合计 2.3 万家[1]，年工业总产值突破 3 万亿元。11 个省（自治区、直辖市）粮食产业工业总产值超千亿元，其中，山东省突破 4 000 亿元，江苏、安徽、广东、湖北、河南等 5 个省均超过 2 000 亿元，粮食产业已经成为这些主产省（自治区、直辖市）的重要支柱产业。为掌握 2018 年我国粮食加工与制造业发展情况，从包括河北、山西、内蒙古、山东、河南等在内的全国 25 个省（自治区、直辖市）选取样本企业开展监测调查，从样本结构组成、样本企业运行状况（主营业务收入、就业带动、产业集中度、产能利用、固定资产投资等）对产业基本运行情况进行分析。

一、样本企业运行情况

（一）样本企业结构

1. 企业地区分布 本次调查样本包括来自全国 25 个省（自治区、直辖市）的 3 009 家粮食加工与制造企业（主营业务收入在 500 万以上），其中规模以上企业占 85.5%。分区域看，参与本次调查的规模以上企业中，中部和东部地区企业数量接近，占比较高，分别达到 36.9% 和 36.2%，两者总量占比接近全部调查企业数量的 3/4；西部和东北地区企业数量占比偏低，分别为 13.5% 和 13.4%（图 2-1）。该数据结果与我国粮食加工与制造企业在上述区域内的实际分布情况一致。

2. 企业规模结构 按国家统计局大、中、小、微型企业类型划分标准，小型企业占比达 77.7%，其他依次为微型企业（11.5%）、中型企业（8.7%）、大型企业（2.1%）。表明目前我国粮食加工与制造业大型企业数量偏少，仍以小型企业为主。

3. 企业所有制类型构成 分登记类型看，粮食加工与制造企业以有限责任公司和私营企业为主，股份有限公司、国有企业、其他企业也占有较大比例。其中，有限责任公司数量最多，占参与本次调查的规模以上粮食加工与制造企业数量的 66.5%，私营企业占 19.6%，股份有限公司占 6.3%，国有企业占 3.1%（图 2-2）。股份合作企业、外商投资企业、集体企业数量明显偏少，占比均不足 1%。

---

[1] 数据来源：国家粮食和物资储备局。

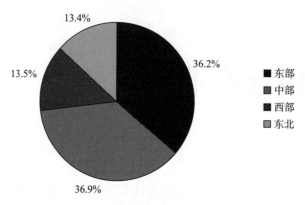

图 2-1　分区域粮食加工与制造企业数量占比

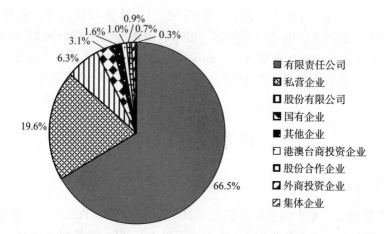

图 2-2　分登记类型粮食加工与制造企业数量占比

4. 农业产业化龙头企业级别分布　按不同级别的农业产业化龙头企业类型划分，省级、市级龙头企业数量占比较高，分别达到 43.2%、41.8%，合计占比达到 85%（图 2-3）。国家级龙头企业数量所占比例相对较小，仅为 3.8%。

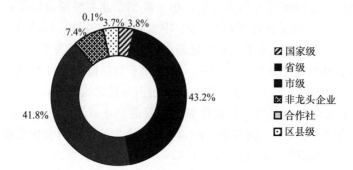

图 2-3　分级别粮食加工与制造业龙头企业数量占比

（二）主营业务收入和利润总额平稳增长

2018年，参与本次调查的规模以上粮食加工与制造企业主营业务收入和利润总额均有所增加。平均每家企业完成主营业务收入2.4亿元，同比增长5.5%，中位数为9 172万元；平均每家企业实现利润总额1 128.7万元，同比增长11.2%。

不同规模的企业间主营业务收入、利润级差较显著。2018年，大型企业平均主营业务收入25.9亿元，平均利润1.2亿元，同比分别增长10.7%和11.2%，涨幅均在前列；中型企业平均利润快速增长，但平均主营业务收入与平均利润分别仅为大型企业的31%和38.3%；小型企业平均主营业务收入与平均利润分别仅为中型企业的19.5%和14.6%；微型企业平均主营业务收入与平均利润分别为5 253.6万元、198.7万元，均仅为小型企业的1/3左右、大型企业的1/50左右（表2-1）。总体上看，2018年大型和中型企业经济指标优良，小型和微型企业表现欠佳。小型企业效益下滑是导致效益差距显著拉大的主要原因，未来行业效益整体提升的关键在于对小型企业的升级改造。

表2-1　分规模粮食加工与制造企业平均主营业务收入与利润

规模	平均主营业务收入（万元）	平均主营业务收入同比增长（%）	平均利润（万元）	平均利润同比增长（%）
大型	259 417.4	10.7	11 634.8	11.2
中型	80 497.7	4.5	4 453.0	16.0
小型	15 702.6	4.4	650.1	8.1
微型	5 253.6	2.6	198.7	3.2

分区域看，2018年传统的粮食加工强省、主消区（山东、河南及江苏、上海等长三角地区）行业发展仍居领先地位，东北地区部分省份（吉林、黑龙江）在粮食去库存的机遇期出现新的快速增长，而西部、西南地区部分省份（山西、青海、广西、云南等）发展表现较不乐观。从调研数据看，2018年，东部与中部地区企业平均主营业务收入分别为2.7亿元和2.6亿元，同比分别增长7.6%和3.1%；东北地区企业平均主营业务收入增幅最大，达10.9%；西部地区则出现了负增长（表2-2）。利润方面，各地区平均利润均实现增长，中部地区同比增速最快，达23.8%，西部地区仍居末位。这反映出本年度东部与中部地区企业仍有较好的经济发展表现，西部地区企业不尽理想。

表2-2　分区域粮食加工与制造企业平均主营业务收入与利润

地区	平均主营业务收入（万元）	平均主营业务收入同比增长（%）	平均利润（万元）	平均利润同比增长（%）
东部	26 788.7	7.6	1 428.0	4.3
中部	26 375.8	3.1	1 093.3	23.8
西部	13 465.3	−1.2	660.0	3.7
东北	24 717.7	10.9	889.9	10.8

分省份看，上海、山东、河南、河北等地的企业整体表现较好。平均主营业务收入居前三的分别为河南、上海、山东，平均利润排前三的省份为上海、山东、河南。与2017年比，平均主营业务收入增长最快的为吉林（18.8%）、上海（17.5%）、黑龙江（13.2%），平均利润增长最快的是河南、上海。2018年整体经济指标表现欠佳的有山西、青海、广西、云南等省份，主营业务收入降幅较大的省份有山西、青海、广西，同比分别下降13.1%、10%、8.3%。

（三）就业带动情况

1. 员工人数保持平稳，技术人员数量略有增加　2018年，参与本次调查的规模以上粮食加工与制造业平均每家企业拥有员工162人，同比下降0.1%。企业从业人员数量在31~50、51~90人两个人数段分布较多，占比分别达到20.2%、20.9%；千人以上及10人以下段占比均不足5%（图2-4）。

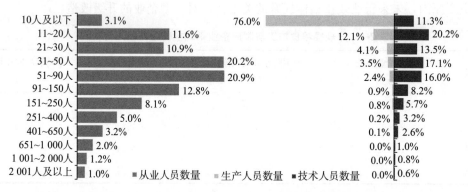

图2-4　粮食加工与制造企业从业人员数量与结构分布

从人员的岗位构成上看，2018年平均每家企业生产人员数量为114人，同比增长1%；平均每家企业技术人员数量为13人，同比增长6%；企业中技术人员数量占比不足10%。

分规模看，小型企业容纳就业人员数量仍居首位，其他依次为大型、中型、微型企业。除大型企业平均从业人员数量略有增加，其他类型企业平均从业人员数量均较2017年有所下降，其中微型企业平均从业人员数量降幅最大，同比下降7.0%（表2-3）。大型企业平均生产人员数量同比增长较多，为4.9%；微型企业降幅较大，同比减少7.1%。小型企业平均技术人员数量增幅最大，同比增长9.4%。

表2-3　分规模粮食加工与制造企业从业人员数量与结构变化

规模	平均从业人员数量		平均生产人员数量		平均技术人员数量	
	数量（人）	同比增长（%）	数量（人）	同比增长（%）	数量（人）	同比增长（%）
大型	2 736	1.5	2 001	4.9	119	1.8
中型	557	−0.1	379	0.4	37	4.7
小型	80	−1.2	53	−1.9	7	9.4
微型	13	−7.0	10	−7.1	2	4.4

分区域看，各地区员工人数同比呈现持平或下降趋势。其中，西部地区降幅最大，达到 6.0％，主要是由于生产人员数量同比下降 6.6％（表 2-4）。东部地区就业形势相对较好，吸纳就业人员数量占总就业人数的 48.7％，同比增长 0.7％；生产人员和技术人员数量均较 2017 年有所提高，同比分别增长 2.7％和 5.5％，其中东部地区技术人员数量占总技术人员数量的五成以上。东北地区虽然从业人员和生产人员数量均呈现下降趋势，但技术人员数量增幅居首，同比增长 9.2％。中部地区各指标表现相对居中，从业人员与生产人员数量基本无变化，技术人员数量同比增长 6.5％，增幅居第二位。

表 2-4　分区域粮食加工与制造企业从业人员数量与结构变化

地区	平均从业人员数量		平均生产人员数量		平均技术人员数量	
	数量（人）	同比增长（％）	数量（人）	同比增长（％）	数量（人）	同比增长（％）
东部	213	0.7	161	2.7	17	5.5
中部	157	0.8	104	0.6	12	6.5
西部	92	−6.0	59	−6.6	8	4.9
东北	104	−1.8	66	−1.5	8	9.2

2. 从业人员工资水平上升　2018 年，粮食加工与制造业人员工资总额及人均工资均有所上升。其中，从业人员工资总额同比增长 16.8％；人均工资 3.8 万元，同比增长 8.6％。

分规模看，大型企业人均工资最高，中、小型企业工资增速较快。2018 年，大型企业人均年工资达 4.7 万元，中、小、微型企业间人均工资差别不大，基本保持在 3.6 万元左右；中、小型企业人均工资增速均超过 9％，大型企业增幅最低，为 6.8％（表 2-5）。

表 2-5　分规模粮食加工与制造企业人均工资及同比增速

规模	人均工资（万元）	同比增长（％）
大型	4.7	6.8
中型	3.6	9.1
小型	3.5	9.4
微型	3.8	8.6

分区域看，人均工资水平最高的是东部地区，达 4.4 万元；东北、中部、西部地区在 3.2 万～3.5 万元（表 2-6）。东北和东部地区人均工资增速较快，增幅均达到 10％以上；中部地区人均工资增长相对较缓，增幅仅为 6.5％。

表 2-6　分区域粮食加工与制造企业人均工资及同比增速

地区	人均工资（万元）	同比增长（％）
东部	4.4	10.0
中部	3.3	6.5
西部	3.5	9.4
东北	3.2	10.3

（四）产能利用情况

2018 年，粮食加工与制造企业产能利用率有所提升，其平均值为 37％左右，中位数为 33％。与 2017 年相比，分别提高 1.4 和 2.5 个百分点。

1. 产能利用率 分规模看，2018 年不同规模企业产能利用率较 2017 年均有所提高。其中，大型企业年产能利用率平均值和中位数均居首位，分别达 54.9％、63.4％；其次是中型企业，产能利用率平均值和中位数均超过 50％；小型和微型企业产能利用率明显不足，其中微型企业产能利用率中位数仅 20.6％，较大、中型企业分别低了 42.8 和 33.6 个百分点（表 2-7）。与 2017 年对比分析，大型企业产能利用率增幅最大，平均值较 2017 年提高 3.2 个百分点，中位数较 2017 年提高 7.3 个百分点，远超其他类型企业。

表 2-7　分规模粮食加工与制造企业产能利用率

单位：％

规模	产能利用率平均值	产能利用率中位数
大型	54.9	63.4
中型	52.3	54.2
小型	36.9	33.1
微型	29.8	20.6

2. 开工率 2018 年，被调查企业平均生产天数 266 天，生产天数中位数 288 天，平均生产天数占全年天数（满负荷天数）的 80％，与 2017 年（平均生产天数 265 天、中位数 286 天）相比略微增加。其中，大型企业开工天数同比略有下降，开工率为 95.5％；中型企业开工率为 88.4％，较 2017 年略有提升；小、微型企业开工率不足 80％，低于行业平均水平（表 2-8）。

表 2-8　分规模粮食加工与制造企业开工率

规模	开工天数（天）	同比增长（％）	开工率（％）	同比增长（％）
大型	317.9	−0.8	95.5	−0.7
中型	294.5	0.8	88.4	0.7
小型	265.5	0.4	79.7	0.4
微型	245.9	−0.1	73.8	−0.1

（五）固定资产总额

2018 年，参与本次调查的规模以上粮食加工与制造企业固定资产总额同比增长 6％。分区域看，企业平均固定资产总额最高的为西部地区，达到 429.1 万元；排在第二位的是东北地区，为 320.6 万元（表 2-9）。平均固定资产总额同比增长排首位的是东部企业，增幅达 7.1％；东北地区同比增长幅度最小，仅为 4.6％。总体上看，全国范围内西部、东北地区粮食加工与制造企业的固定资产规模较大。

表 2-9　分区域粮食加工与制造企业平均固定资产总额变动

地区	平均固定资产总额（万元）	同比增长（%）
东部	101.9	7.1
中部	169.1	6.8
西部	429.1	6.5
东北	320.6	4.6

分登记类型看，平均固定资产总额排前三位的依次为有限责任公司（658.6 万元）、私营企业（108.8 万元）、股份有限公司（102.1 万元），同比增幅前三位的分别是股份有限公司（10.0%）、有限责任公司（6.5%）、港澳台商投资企业（6.5%）（表 2-10）。集体企业和股份合作企业平均固定资产总额远低于其他类型的企业，不足 10 万元；国有企业平均固定资产总额居于第四位，但同比出现下降（-2.0%）。

表 2-10　分登记类型粮食加工与制造企业平均固定资产总额变动

登记类型	平均固定资产总额（万元）	同比增长（%）
股份有限公司	102.1	10.0
有限责任公司	658.6	6.5
港澳台商投资企业	40.4	6.5
私营企业	108.8	6.2
集体企业	0.5	3.0
股份合作企业	9.3	2.9
外商投资企业	24.8	2.0
其他企业	14.5	1.4
国有企业	61.6	-2.0

（六）农业产业化龙头企业运行情况

1. 分级别龙头企业主营业务收入　2018 年，国家级龙头企业平均主营业务收入最高，达 13.1 亿元；其次是省级龙头企业，为 3.2 亿元；市级龙头企业和非龙头企业平均主营业务收入相当，约为 1 亿元；区县级龙头企业平均主营业务收入约为 8 000 万元（表 2-11）。国家级龙头企业平均主营业务收入增长最快，同比增速达 15.8%；省级、市级龙头企业同比增速分别为 11.7%、9.8%。不同类型的企业主营业务收入差距有随经营规模扩大进一步拉开的趋势。

表 2-11　分级别粮食加工与制造业龙头企业主营业务收入及同比增速

龙头企业级别	平均主营业务收入（万元）	同比增长（%）
国家级	131 056.8	15.8
省级	31 579.4	11.7
市级	11 284.3	9.8

（续）

龙头企业级别	平均主营业务收入（万元）	同比增长（%）
区县级	8 017.3	5.7
非龙头企业	10 630.5	0.2

从企业主营业务收入分布区间看，国家级龙头企业收入主要分布在 2.2 亿～3.6 亿元、6 亿～10 亿元、10 亿～16 亿元，各区间企业占比分别为 19.4%、17.3%、15.3%，另各有 1% 的企业低于 5 000 万元和超过 70 亿元（图 2-5）。省级龙头企业主营业务收入主要分布在 8 000 万～3.6 亿元，该区间企业占比达 55%，超 10 亿元企业占比为 6%。市级龙头企业主营业务收入较平均地分布在 1.3 亿元以下，此区间企业占比约 82%，有近 1% 的企业收入突破 10 亿元。区县级龙头企业与非龙头企业主营业务收入在 3 000 万元以下的占比相对较高，分别是 31.9%、41.8%。

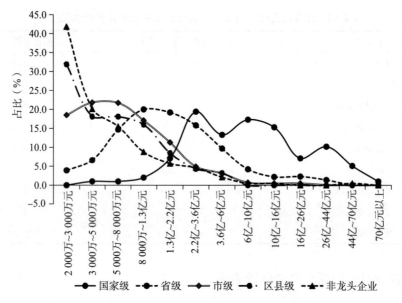

图 2-5　分级别粮食加工与制造业龙头企业主营业务收入分布

2. 分级别龙头企业利润　2018 年，国家级龙头企业平均利润为 5 584.7 万元，省级龙头企业 1 386 万元，市级龙头企业 560.6 万元，非龙头企业与区县级龙头企业相当，均在 320 万元左右水平（表 2-12）。区县级龙头企业平均利润增长最快，达 11.4%；其次是市级龙头企业，为 10.2%；国家级和省级龙头企业增速相对较缓，在 5% 左右。总体看来，体量相对较小的龙头企业盈利增长能力变化较大。

表 2-12　分级别粮食加工与制造业龙头企业利润及同比增速

龙头企业级别	平均利润（万元）	同比增长（%）
国家级	5 584.7	5.0
省级	1 386.0	4.8
市级	560.6	10.2

(续)

龙头企业级别	平均利润（万元）	同比增长（%）
区县级	323.4	11.4
非龙头企业	318.7	6.4

从企业利润分布区间看，国家级龙头企业利润分布主要集中在 1 000 万～3 000 万元，该区间企业数量占比为 30.3%，平均利润在 1 000 万～2.2 亿元的企业合计占比接近 80%（图 2-6）。省级龙头企业中近 97% 企业的利润集中分布在 0～3 000 万元，其中 400 万～1 000 万元企业占比最多，为 33.8%。市级龙头企业中有约 80% 的企业利润集中在 0～1 000 万元。区县级龙头企业与非龙头企业中近 50% 的企业利润在 200 万元以下。不同层级的龙头企业盈利能力分段相对集中，层级间的差距相对较大。

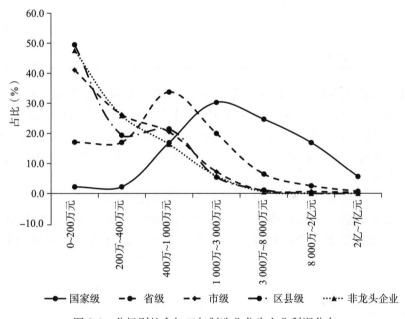

图 2-6　分级别粮食加工与制造业龙头企业利润分布

3. 龙头企业固定资产情况　2018 年，粮食加工与制造企业固定资产总额同比增速最高的是省级龙头企业，同比增长 7.2%。国家级龙头企业平均每家固定资产总额接近 2.5亿元，是省级龙头企业的 3 倍。市级龙头企业固定资产总额较低，合计为 12.8 亿元，平均每家企业不足 3 000 万元，同比增长 4.7%。

（七）进出口与国际化经营

1. 总体进出口情况　根据农业农村部数据，2018 年我国谷物累计进口 2 050.2 万吨，同比下降 19.9%，进口额 59.4 亿美元，同比下降 8.5%；出口 254.4 万吨，同比增长57.4%，出口额 11 亿美元，同比增长 38.4%。总体上呈净进口状态，逆差为 1 795.8 万吨，同比减少 25.1%。

按粮食种类细分，在三大主粮的进口量上，玉米排在第一位，达 352.4 万吨，同比增长 24.7%；小麦和稻米进口量相当，但均较 2017 年出现大幅下降，分别下降 29.9% 和 23.6%（表 2-13）。在粮食出口上，2018 年稻米出口量继续增长，出口量为 208.9 万吨，同比增长达 74.6%，创十年来的新高。这表明我国稻米国际竞争力增强，在国际粮食贸易上取得重要地位。

表 2-13　谷物及制品分种类进出口情况

谷物类型	进口量（万吨）	同比增长（%）	出口量（万吨）	同比增长（%）
小麦	309.9	−29.9	28.6	56.4
玉米	352.4	24.7	1.2	85.8
稻米	307.7	−23.6	208.9	74.6
大麦	681.5	−23.1	91.7	−1.9
高粱	365.0	−27.8	4.8	17.0
玉米酒糟	14.8	−62.2	—	—
木薯	479.8	−41.0	—	—

2018 年，受畜牧和饲料行业不景气的影响，其他谷物品种、饲用粮的进口量呈现大幅下降。大麦进口 681.5 万吨，同比下降 23.1%；木薯进口 479.8 万吨，同比下降 41.0%；玉米酒糟（DDGS）同比下降 62.2%。进口量下降是国内低价临储玉米大量投放使市场玉米流通充足，下游饲料、养殖行业需求平淡，以及国际贸易条件恶化等一系列因素综合作用的结果。

从粮食进口国别看，2018 年从澳大利亚和美国进口的小麦量显著下降，从加拿大、哈萨克斯坦和俄罗斯联邦进口的小麦量大幅增加（图 2-7）。受中美贸易战影响，从美国进口玉米量显著下降；乌克兰玉米性价比高，连续两年对其进口量持续大增（图 2-8）。

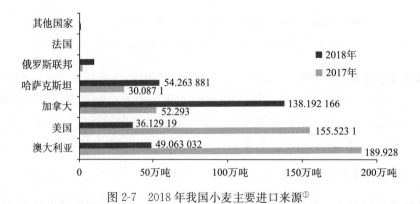

图 2-7　2018 年我国小麦主要进口来源[①]

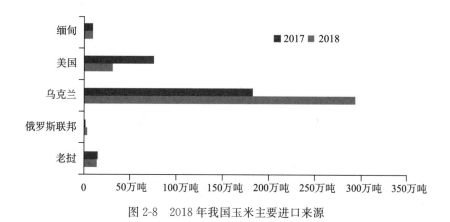

图 2-8 2018 年我国玉米主要进口来源

2. 分规模出口额情况 参与调查的规模以上粮食加工与制造企业出口总额为 30.9 亿元，同比增长 4.5％。分规模看，出口额同比增长最多的是大型企业，达到 15.1％，其次是中型企业（2.6％），小型企业出口额出现较大幅度下降，同比下降 8.6％。微型企业无出口情况申报。

3. 利用外资情况 被调查企业中，2018 年实际利用外资额 21.6 亿元，同比减少 23％。分规模看，2018 年实际利用外资额排在第一的是小型企业，达 12.2 亿元，较 2017 年增加 6％；排在第二的是中型企业，达 7.3 亿元，较 2017 年下降 52.1％；大型企业实际利用外资额 2 亿元，较 2017 年增加 62.2％。2018 年行业整体利用外资情况不佳，主要原因是国内企业自身实力增强，政策性支持增多，以及对外资依存度下降。

4. 对外投资情况 2018 年，被调查企业对外投资总额同比下降 54.4％。其中，大型企业对外投资额同比下降 41.3％，中型企业对外投资额同比下降 70.7％，小型企业对外投资额同比增加 0.6％。2018 年粮食加工与制造企业对外投资整体表现冷淡，呈下降趋势。

二、行业发展趋势特点

在样本企业调查数据分析的基础上，结合近年来粮食加工与制造业发展情况，本部分内容将从电子商务活动、基地建设与产业融合、质量安全与品牌建设、科技进步与创新等方面对行业发展的新趋势与新特点进行分析。

（一）电子商务活动开展情况良好

2018 年，参与本次调查的规模以上粮食加工与制造企业中，开展了电子商务交易的企业占比为 41.2％。企业电子商务收入占主营业务收入比例为 5.8％，比 2017 年上升 0.8 个百分点，行业内电子商务经营整体有扩大趋势。分规模看，企业开展电子商务的比例与企业规模呈正比。大型企业开展电子商务的比例最高，达到 75.5％，中型企业 60.9％，小型企业 40％，微型企业 28.1％。从电子商务收入占主营业务收入比例看，大型企业占比最高，为 7.6％；其次是微型企业，为 6.7％；中型企业占比相对偏低，为

4.6%（图 2-9）。在电子商务新业态发展上，大、微型企业表现活跃，中等规模的企业发展平稳。

图 2-9　分规模粮食加工与制造企业电子商务收入占主营业务收入比例变化

（二）基地建设与产业融合

1. 基地建设情况　参与本次调查的规模以上粮食加工与制造企业中，仅有自建生产基地的企业占 13.9%，仅有订单生产基地的企业占 14.3%，既有自建生产基地又有订单生产基地的企业占 50.5%，至少具有其中一类基地的企业占比为 78.7%。

分规模看，大型企业的订单生产基地建设情况最好，有订单生产基地的企业占比达到 77.4%；中型企业订单生产基地建设相对较好，有订单生产基地的企业占比达到 73.8%；小、微型企业中这一比例分别为 66.2% 和 45.8%（图 2-10）。在自建生产基地发展方面，大、小型企业发展较好，有自建生产基地的企业占比分别为 69.8% 和 66.4%。总体看来，行业内微型企业保障原料品质的基地建设水平相对滞后。

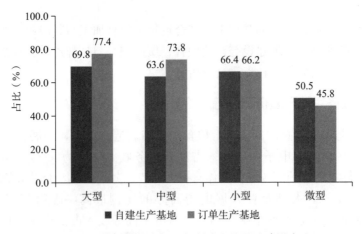

图 2-10　分规模粮食加工与制造企业基地建设占比

2. 原料采购渠道　企业通过自建和订单生产基地采购主要原料金额合计占主要农产品采购值的 25.5%。分规模看，大型企业基地原料采购值占比最高，达 45.7%，其中通过订单生产基地采购主要原料的金额占大型企业采购值的 40.3%，通过自建生产基地采购原料的金额占 5.4%；中型企业中采购值主要来自订单生产基地，占企业总采购值的 26.3%；小型企业采购值中来自订单生产基地的采购值占 16.4%（图 2-11）。微型企业从两类基地采购所占比例均较低。

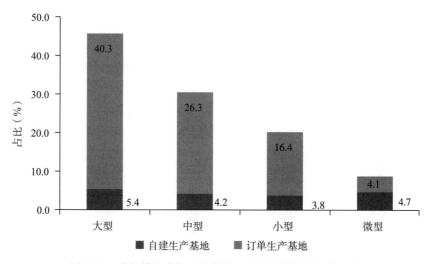

图 2-11　分规模粮食加工与制造企业基地原料采购值占比

3. 基地建设与电子商务开展　针对基地建设与电子商务开展情况进行关联调查，开展电子商务并且有自建或订单生产基地的企业数量占规模以上粮食加工与制造企业数量的 37.2%。分规模看，大型企业仍处于领先地位，同时建有基地并开展电子商务活动的企业占比达 71.7%；其次为中型企业，占 54.7%；小、微型企业则明显落后（图 2-12）。

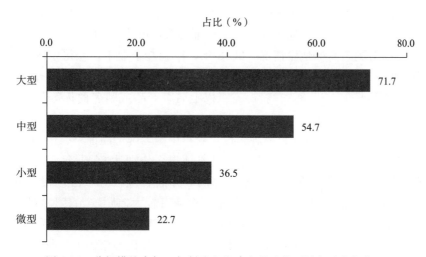

图 2-12　分规模粮食加工与制造企业建有基地并开展电子商务占比

（三）质量安全与品牌建设情况较好

1. 质量安全管理体系建设情况　质量安全管理体系建设情况较好。2018 年，参与本次调查的规模以上粮食加工与制造企业中，建有产品质量管理制度的企业占 84.8%，建有专门质检机构的企业占 69.8%，建有通过计量认证的质检机构的企业占 35.9%（表 2-14）。其中，通过 ISO 9000 系列认证的企业占 56.7%，通过 ISO 14000 系列认证的企业占 14.2%，通过 ISO 22000 系列认证的企业占 24.0%，通过 ISO 系列认证的企业占比合计达 94.9%。通过 HACCP 质量体系认证的企业占 1/5 左右，GMP 质量体系认证企业偏少，不足 10%。

表 2-14　粮食加工与制造企业质量安全管理体系建设情况

单位：%

项目	占比
建有产品质量管理制度	84.8
建有专门质检机构	69.8
建有通过计量认证的质检机构	35.9
ISO 9000 系列认证	56.7
ISO 14000 系列认证	14.2
ISO 22000 系列认证	24.0
HACCP 质量体系认证	21.8
GMP 质量体系认证	9.3

2. "三品一标"品牌建设情况　参与本次调查的规模以上粮食加工与制造企业中"三品一标"安全优质农产品认证情况较好，获得有机农产品、绿色食品、无公害农产品"三品"认证的企业占比达 56.2%。其中，通过有机农产品认证的企业占 11.2%，通过绿色食品认证的企业占 32.2%，通过无公害农产品认证的企业占 12.8%，未取得"三品"认证的企业占 43.8%。获得中国地理标志产品认证的企业占比 14.1%。

3. 名牌产品与驰名商标建设情况　2018 年，被调查企业中，获得中国名牌产品证书的占企业数量的 19.4%；获得中国驰名商标的 534 家，占 20.8%；获得省级名牌产品或驰名商标等品牌认证的占 35.3%。获得省级以上名牌产品或驰名商标等品牌认证的占企业数量的 36%。

分规模看，大型企业普遍注重品牌建设，获得中国名牌产品证书、中国驰名商标、省级名牌产品或驰名商标等品牌认证的比例遥遥领先，分别达 60.4%、73.6%、88.7%；中型企业在省级名牌产品或驰名商标等品牌认证方面表现较好，占比接近 65%（图 2-13）。小、微型企业在品牌建设方面与大、中型企业有较大差距，尤其是微型企业，获得中国名牌产品证书的占比仅为 5.4%，获得省级名牌产品或驰名商标等品牌认证的不足 10%。从品牌建设上看，国内粮食加工与制造企业两极分化现象仍十分明显，小、微型企业品牌建设方面仍需加强引导和培育。

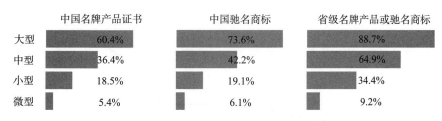

图 2-13　分规模粮食加工与制造企业品牌建设情况

（四）科技进步与创新能力有待提高

1. 科研机构建设　规模以上粮食加工与制造样本企业中，建有专门研发机构的企业 924 家，占规模以上企业数量的 35.9％；其中建有省级及以上研发中心的企业 163 家，占建有专门研发机构企业数量的 17.6％。不同规模企业间研发机构建设情况差异显著，大、中、小、微型企业建有专门研发机构的占比分别为 88.7％、77.8％、33.5％ 和 11.2％（图 2-14）。在建有省级及以上研发中心占比方面，大型企业达 58.5％，小、微型企业合计约 5％。行业整体上支撑企业科技创新的研发机构建设仍有待加强。

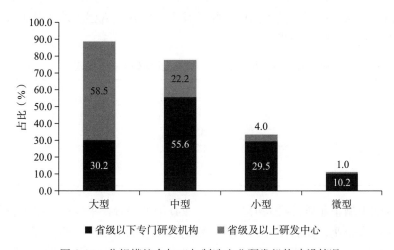

图 2-14　分规模粮食加工与制造企业研发机构建设情况

2. 技术人员构成　2018 年，样本企业技术人员数量的中位数是 4 人，平均数是 11 人。技术人员总数占员工总数的 6.1％。分规模看，大、中、小、微型企业技术人员平均数分别为 132 人、35 人、6 人、1 人；大、中、小、微型企业技术人员占比依次为 4.3％、6.3％、7.5％、10.9％，除大型企业技术人员占比较 2017 年下降 0.4 个百分点，其他规模企业技术人员占比均较 2017 年有不同程度提高（图 2-15）。

3. 研发投入情况　2018 年，参与本次调查的规模以上粮食加工与制造企业平均每家企业研发投入 227.4 万元。与主营业务收入相比，企业研发投入强度为 0.9％，研发投入强度中位数为 0.067％，与发达国家工业企业 3％ 以上的研发投入强度仍有较大的差距。

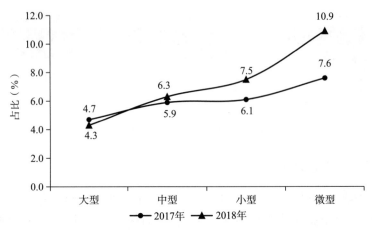

图 2-15　分规模粮食加工与制造企业技术人员占比变化

（1）分规模企业研发投入情况。2018 年，大、中、小、微型企业平均研发投入分别为 5 662.6 万元、713.8 万元、74.1 万元和 10.3 万元，不同类型企业间差距显著（表 2-15）。大型企业的研发投入强度为 2.1%，接近发达国家本行业水平。中、小型企业在总研发投入上相差不大，在研发投入强度上相差较大，研发投入强度均未达到 1%。微型企业的研发投入不足，有待进一步提升。

表 2-15　分规模粮食加工与制造企业研发投入情况

规模	平均研发投入（万元）	研发投入强度（%）
大型	5 662.6	2.1
中型	713.8	0.9
小型	74.1	0.4
微型	10.3	0.2

（2）分登记类型企业研发投入情况。从企业登记类型看，平均研发投入排前三的为国有企业、股份合作企业、外商投资企业，分别为 879.3 万元、731.5 万元、664 万元（表 2-16）。在研发投入强度上，居前三的是股份合作企业、国有企业、股份有限公司，分别为 2.3%、1.5%、1.3%。总体上看，粮食加工与制造企业研发投入仍有待加强。

表 2-16　分登记类型粮食加工与制造企业研发投入情况

登记类型	平均研发投入（万元）	研发投入强度（%）
国有企业	879.3	1.5
集体企业	8.6	0
股份合作企业	731.5	2.3
有限责任公司	191.2	0.8
股份有限公司	449.3	1.3
私营企业	136.1	0.9

（续）

登记类型	平均研发投入（万元）	研发投入强度（%）
其他企业	69.6	0.3
港澳台商投资企业	567.4	0.9
外商投资企业	664.0	0.5

2018年粮食加工与制造企业在电子商务开展、物联网建设及信息化融合方面的步伐总体加快，有实力的规模化粮食加工仓储企业，在加工、仓储、销售技术装备的自动化、智能化平台及管理能力建设方面不断加大投入。例如，部分国内烘焙企业携手阿里巴巴网络技术有限公司，在2018年初陆续打造出集人工智能、大数据、新零售、新体验为一体的智慧门店，推进食品产业向着无人零售终端方面发展。以黑龙江五常大米为代表，很多粮食企业销售开启互联网保真模式，通过电商平台提供的商品溯源机制、蚂蚁区块链技术，确保消费者能够买到可溯源、可验真的优质大米，实现了优质产品来源渠道保障。广西螺蛳粉借助电子商务和互联网的快速传播效应，已成为预包装方便食品行业的新秀，带动了与之配套的酸笋、豆角、螺蛳加工以及特色产业园、特色小镇等上下游产业协同快速发展，为促进精准脱贫、乡村产业振兴发展提供了新动能。

三、重要政策及热点事件

（一）主粮收购保护价格继续下调

2018年国家在小麦、稻谷两大主粮上继续推行最低收购价政策。2017年10月和2018年初，国家发展和改革委员会先后发布了小麦、稻谷主产区最低收购价，小麦（三等）最低收购价为每50千克115元，较2017年下调3元。早籼稻、中晚籼稻和粳稻最低收购价格分别为每50千克120元、126元和130元，较2017年分别下调10元、10元和20元。在降低了粮食托市收购价格的同时，还相应减少了托市收购量，更多地让市场化购销发挥主导作用。这一举措顺应了粮食流通领域市场化改革的政策方向，将引导农民实现合理种植，鼓励优质小麦、稻米生产，推动实现粮食优质优价。

（二）粮食去库存任务超额完成

2018年，我国政策性粮食不合理库存消化进度加快，全年消化库存近1.3亿吨，超额完成年度目标任务。2018年我国玉米播种面积减少0.6%，产量为2.6亿吨，同比降低0.7%。在产业链延伸、加工补贴刺激下，以东北地区为代表的玉米深加工行业急剧扩张，玉米需求量大幅持续增长，多措并举下我国玉米去库存成效显著，并对2018年玉米价格形成强有力支撑。业内专家预测，2019年将成为本轮玉米去库存的尾声年。根据农业农村部预测，2018/2019年度中国玉米供应缺口预计为2 650万吨，供需趋紧可能导致2019/2020年度玉米播种面积增加。

（三）引领健康饮食新理念的大米新国家标准出台

近年来，我国粮食过度加工，大米过精过白、营养损失、资源产能浪费等问题屡被诟病。以加工精度分级的原大米国家标准修订计划早在 2014 年就被立项。历经四年多反复论证修改，2018 年 10 月大米新国家标准（GB/T 1354—2018）终于出台，并于 2019 年 5 月 1 日正式实施。新的大米国家标准中对大米加工精度指标设置了上限，将有利于保留更多大米营养价值，突出了适度加工、绿色发展等理念。

大米新国家标准的推行将为稻米产业发展注入新活力。一是可避免不必要的加工浪费，提升我国稻米资源利用率；二是可引导消费者走出大米消费误区，引导消费从追求食物感官享受向追求营养健康升级；三是将有力促使我国大米乃至粮食加工企业更加注重提升粮食加工的综合品质，实现节能减排、节本增效，加快产业的转型升级，进而推动整个行业的健康、可持续发展。

大米新国家标准的推出也配合顺应了国家粮食和物资储备局近年发起的"中国好粮油"行动计划。随着该计划推进国内消费升级，越来越多具备营养、健康特质的粮食加工制品受到市场和消费者青睐，推动了我国粮食加工由过去的"精加工、细加工"向"适度加工"转变，并由此带动了适应时代发展产品新标准的制（修）订工作。

四、面临的主要问题与挑战

（一）产业发展不平衡，两极分化现象严重

我国粮食加工与制造业不同地区、规模和性质的企业间发展的不平衡态势进一步加剧。东、中部省（自治区、直辖市）发展较好，其中山东省粮食加工与制造业总产值突破 4 000 亿元，江苏、安徽、广东、湖北、河南等 5 省亦均超过 2 000 亿元；东北地区基础虽较薄弱，但增长迅猛；西部地区整体仍表现十分薄弱，企业年平均产值仅为山东、河南等省的 1/8～1/4，主营业务收入甚至出现负增长。占行业内多数的中小企业在利润率、开工率、科技创新、产业融合等方面的发展与大型企业、国家及省级龙头企业差距较大。企业原本盈利微薄，在人工、原材料、营销以及环境成本大幅上升的压力下，面临着更大的经营风险，规模化、集约化发展将成为行业生存发展之道。国内粮食加工与制造业产能过剩及企业间同质化、低价竞争的现象仍普遍存在，企业仅凭规模化优势发展的时代即将结束，以质量求生存、科技创新型发展才能帮助企业走得更远。我国粮食加工与制造企业在科技力量、投入及品牌建设方面仍有较长的路要走。

（二）玉米加工业产能持续释放和扩张，行业风险加大

在政策性导向及生产加工补贴的双重引导下，玉米深加工产量及产能近两年得到长足释放和迅猛增长，玉米深加工企业投资、扩产积极性普遍较高。据行业协会对外公布的信息，2018 年全国新增玉米加工产能近 500 万吨，近两年共增加约 1 600 万吨；2018 年玉米淀粉产量 2 800 余万吨，同比增长 8.5%，但玉米淀粉需求增速放缓，仅增长 4.6%，

实际需求 2 600 余万吨，产品供需已处失衡状态。2019 年还有部分在建产能投入，未来我国玉米深加工产能严重过剩的问题不容忽视，玉米深加工及淀粉行业可能再次面临产业内外发展环境的较大波动。

我国淀粉生产虽有较好的规模效益，但产业现存深层次的问题亟待解决，如产品结构欠合理、内生增长动力不足、创新能力弱、发展质量和效益低等。特别是过去十几年发展起来的传统加工企业，相比新增产能，技术装备相对落后，在规模效应、人工、物耗、能耗等方面已无竞争优势。在产能过剩、供需失衡的发展态势下，很多企业面临随时关门停产风险。

（三）企业科技创新能力有待提升

近年来，国内粮食加工与制造企业陆续进入转型升级的关键时期。目前能够实现有效增长、高质量发展的产业，其形成多与新技术、新业态、新动能的有效结合密不可分。以传统加工为主的我国粮食加工与制造业，在科技投入、科研人员构成方面与发达国家仍有较大差距。与发达国家工业企业 3％ 以上的研发投入强度相比，国内粮食企业差距较大。新时代行业面临着很多挑战，企业要实现高效、稳定、可持续发展，必须提高自身科技创新能力，加大对满足现代市场需求的新产品、新技术乃至产业发展新模式的科技投入和平台建设力度。政府相关部门需加大科技创新类项目、资金的引导扶持力度。一方面，通过政策引导鼓励企业加强自主创新，加强企业与科研单位、高校的合作；另一方面，通过项目引导，推动高校、科研单位的成果转化，为产业发展提供服务。促进产学研在产业融合、链条延伸、先进技术装备应用、信息化建设、新零售等领域形成创新合力，通过产业科技创新水平的整体跃升，保障我国粮食加工与制造业顺利转型升级。

（四）优质专用谷物原料进口依赖度较高

近年来，我国从美国进口的谷物原料以优质专用小麦、玉米为主。国内优质加工专用小麦品种虽逐年增加，但适应中高端烘焙食品、方便食品加工需求的优质专用小麦品种及数量供应仍显不足。优质加工专用玉米品种，如国内需求的高直链淀粉玉米，仍面临着原料短缺、依赖进口的问题。未来行业内需进一步转变粮食单纯食用、饲用的消费观念，明确现代农业由产业链后端加工、消费引导，调整优化农业生产结构和产品结构，将高产、高抗的品种选育尽快调整到真正为加工业需要、消费需求的优质专用品种选育上来，提高国产粮品质、价值的竞争力。此外，在国家"一带一路"倡议指导下，我国粮食生产与加工业发展需进一步开拓国际市场，针对国内急需的粮食品种，加快农业"走出去"战略布局，大力推进海外优质原料基地建设，切实提高国内粮食产业的国际市场竞争力。

第三章 / 油料产业发展情况

2018年，我国植物油加工业稳步发展。行业产值、利润双增长，从业人员数量微降、薪酬整体稳增；行业集中度高，但产能利用率总体偏低；固定资产投资增幅持续减缓，企业更加重视原料生产基地建设，同时电子商务发展日趋活跃，产业融合发展进一步推进；行业质量安全与品牌建设取得新成效，企业科研经费投入不同程度增加，更加重视技术创新和成果转化应用；龙头企业积极探索灵活的利益联结机制，带动农户发展，助力乡村振兴。

一、行业发展情况与趋势

（一）行业总体转亏为盈

2018年，参与本次调查的规模以上植物油加工企业中，平均每家主营业务收入3.9亿元，同比增长0.3%；企业平均利润总额1 591.3万元，同比增长9.4%，企业由2017年的亏损向盈利扭转。按企业规模划分，大、中和微型企业的利润同比分别增长1.7%、41.7%和14.1%，而小型企业的利润同比下降4.2%（图3-1）。

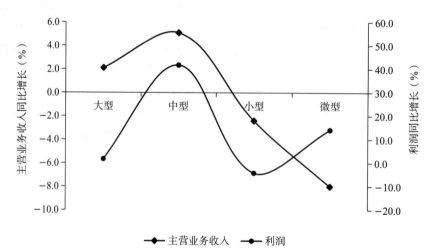

图3-1 分规模植物油加工企业主营业务收入和利润同比增速

从区域分布来看，有 13 个主要省（自治区、直辖市）实现主营业务收入增长，中部和西部地区主营业务收入同比分别增长 3.1％和 2.8％，东北和东部地区同比分别下降 3.1％和 1.1％。15 个主要省（自治区、直辖市）利润实现增长，中部和东部地区利润同比分别增长 15.7％和 11.2％，但东北和西部却呈现显著下降趋势，同比分别下降 23％和 1.5％。综合来看，中部地区实现主营业务收入和利润双增长，主要包括湖南、江西、安徽、湖北等地，这些省份是国产油料包括油菜、油茶等主产区。目前国产浓香菜籽油、茶籽油的消费市场均处于上升期，有利于推动当地植物油加工企业的发展。东北地区的企业却表现为主营业务收入和利润双减，这与当地豆油加工利润和豆粕利润下滑有一定的关联。

（二）从业人员数量微降、薪酬整体稳增

2018 年，参与本次调查的规模以上植物油加工企业平均员工数量为 141.6 人，同比下降 5.1％。其中，平均生产人员数量为 101.8 人，同比下降 6.1％；平均技术人员数量为 14.5 人，同比增长 0.1％。其主要原因在于植物油加工业整体处于技术升级阶段，生产设备的自动化程度不断提高，因此生产人员的需求下行，技术人员的需求增加。

分规模来看，大、中、小和微型企业的员工数量同比分别下降 11.0％、4.0％、3.6％和 23.2％（图 3-2）。其中，生产人员同比分别下降 7.3％、6.0％、5.1％和 29.2％。中、小和微型企业的技术人员分别增长 0.6％、2.7％和 17.6％，这也反映出小、微型企业对技术的重视程度逐渐上升。

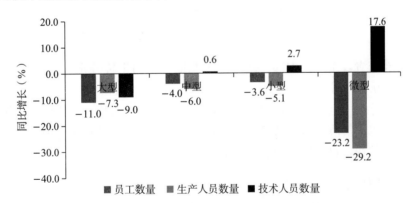

图 3-2 分规模植物油加工企业员工数量同比增速

从区域分布来看，东部、中部、西部和东北地区的植物油加工企业员工数量同比分别下降 6.2％、1.5％、10.7％和 6.1％（图 3-3）。其中生产人员数量东部、西部和东北部同比分别下降 6.3％、14.0％和 6.3％，中部同比增长 2.1％；技术人员数量方面，西部、东北和中部地区同比分别增长 4.8％、1.1％和 0.6％，东部地区同比下降 1.3％。

从业人员的工资水平整体上行。2018 年，参与本次调查的规模以上植物油加工企业的人均工资 3.8 万元，同比增长 12.6％。其中，大、中、小和微型企业的人均工资分别为 4.2 万元、3.5 万元、3.8 万元和 4.1 万元，同比分别增长 68.0％、9.4％、8.6％和 20.6％（图 3-4）。

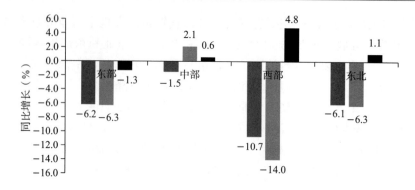

图 3-3　分区域植物油加工企业员工数量同比增速

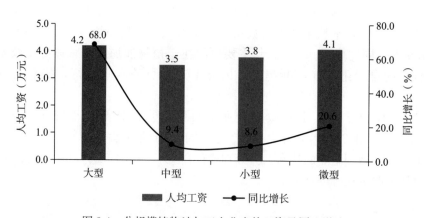

图 3-4　分规模植物油加工企业人均工资及同比增速

从区域分布来看，东部、中部、西部和东北地区人均工资分别为 5 万元、2.8 万元、3.5 万元和 2.9 万元，同比分别增长 19%、3.7%、12.9%和 11.5%。从分规模和分区域数据来看，两者存在一定的关联，如大型企业和东部地区的人均工资均增长最快，而大型企业主要分布于东部沿海地区。微型企业在各油料主产区均大量存在，加上当年平均利润增长（14.1%）较快，也促使人均工资叠加上涨。

（三）产业集中度高

2018 年，参与本次调查的规模以上植物油加工企业主营业务收入基尼系数为 0.767，略低于 2017 年的 0.77。目前，植物油加工企业主要集中在江苏、山东、湖北、黑龙江、河南、河北、辽宁、安徽、湖南、四川、吉林、江西和内蒙古 13 个省份，食用植物油的产量占全国的 95%以上。从区域分布可以看出，我国植物油加工业主要分布在东部和中部，其次为东北和西部。

油料加工区域整体分为油料主产区和非主产区（以进口油料为主）。我国油菜主产区如湖北、湖南、四川等地主要表现为本地加工；非主产区如浙江、福建、广东等沿海省份，主要以进口油菜籽为原料，以规模企业加工为主。大豆加工主要集中在山东、江苏、广东、广西、辽宁、福建、天津、河北、黑龙江和北京。其中，辽宁和黑龙江企业主要以东北大豆为主要原料，山东、江苏、广东、广西、福建、天津等拥有进口优势，进口大豆就地加工比较方便，西部压榨圈已经逐渐退出主流压榨市场。目前这10个省份的大豆处理量达到全国加工量的90%以上，日处理400吨以上加工企业的植物油加工量约占总量的75%。花生压榨企业主要分布于山东、河南、河北、湖北、广东、广西，其中山东和河南的花生榨油产能占全国花生油加工能力的70%以上。油茶主产区集中分布在湖南、江西、广西、浙江、福建、广东、湖北、贵州、安徽、云南、重庆、河南、四川和陕西14个省份，其中湖南、江西和广西合计占比在82%以上，区域集中度较高。

(四) 产能利用率相对偏低

2018年，参与本次调查的规模以上植物油加工企业产能利用率的平均值在30.3%左右，产能利用率的中位数为20.1%，基本与2017年的水平持平；按企业规模划分，大、中、小和微型企业的产能利用率分别为31%、34.3%、30.4%和21.5%。2018年，植物油加工企业的平均生产天数238天，生产天数的中位数262天，平均生产天数占全年天数（满负荷天数）的71.5%，仅比2017年提高0.3%。按企业规模划分，大、中、小和微型企业的开工天数分别为306.6天、282.7天、233.6天和217.5天，开工率分别为92.1%、84.9%、70.2%和65.3%，开工率偏低的问题依旧存在（图3-5）。

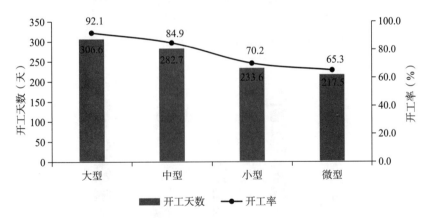

图3-5　分规模植物油加工企业开工天数及开工率

2018年，全国企业油料处理量约21 600万吨。其中民营企业14 400万吨，占65%；国有企业2 400万吨，占12%；外资企业4 800万吨，占23%。2018年，我国国产油料3 434.4万吨[①]，其中花生产量1 733.3万吨、油菜籽产量1 328.1万吨、芝麻产量43.2万吨，其他油料产量329.8万吨，加上进口油料产量9 448.9万吨，合计产量12 883.9万吨，因此现有加工量远低于已有的设计产能，显示当前我国植物油加工产能过剩问题依旧突出。在我国全民营养健康需求日益增加、植物油加工业可持续发展日益迫切背景下，新一轮的行业布局调整势在必行。

---

① 　数据来源：国家统计局。

（五）固定资产投资持续减缓

2018 年，参与本次调查的规模以上植物油加工企业的固定资产投资总额同比增长 3.2％。其中新增固定资产投资额同比降低 31.4％，这与植物油加工业总体产能过剩密切相关。按企业规模划分，中、小和微型企业的固定资产投资额同比分别增长为 4.1％、1.8％和 42.4％，而大型企业的固定资产投资额同比下降 1.3％（图 3-6）。从区域分布来看，东部、东北和中部企业固定资产投资额同比分别增长 4.9％、4.8％和 3.1％，而西部企业则下降 1.5％（图 3-7）。

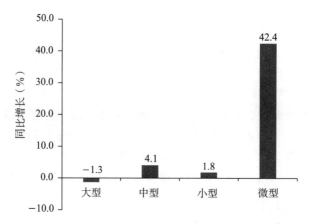

图 3-6   分规模植物油加工企业固定资产投资额同比增速

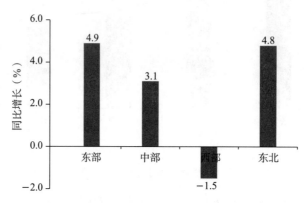

图 3-7   分区域植物油加工企业固定资产投资额同比增速

（六）企业更加重视原料生产基地建设

2018 年，参与本次调查的规模以上植物油加工企业中，有自建生产基地的企业占调查企业总数比重为 63.2％，有订单生产基地的企业占 59.0％，至少有一类基地的企业占 76.2％（图 3-8）。

分规模来看，大、中、小和微型企业中有自建生产基地的占比分别为 57.1％、61.4％、64.0％和 54.2％，有订单生产基地的占比分别为 71.4％、59.1％、53.7％和

41.7%，至少有一类基地的占比分别为 85.7%、75.0%、76.7% 和 66.7%（图 3-9）。

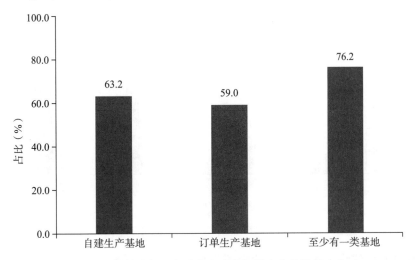

图 3-8　植物油加工企业有自建和订单生产基地的占比

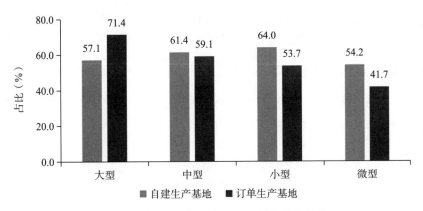

图 3-9　分规模植物油加工企业基地分布情况

　　植物油加工企业的自建和订单生产基地采购主要原料金额占主要农产品采购值的 22.6%。按企业规模来看，大、中和小型企业的自建生产基地采购值占比分别为 2.9%、6.6% 和 3.1%，订单生产基地采购值占比分别为 21.0%、37.7% 和 11.9%，分别合计 23.9%、44.3% 和 15.0%，微型企业则无自建和订单生产基地采购。可以看出，植物油加工企业对原料较为重视，特别是大、中型企业，更加注重通过建设原料基地、实施基地采购方式来保障原料和产品质量稳定。

（七）电子商务收入处于稳定增长阶段

　　2018 年，参与本次调查的规模以上植物油加工企业中，开展了电子商务交易的占 51.6%；电子商务总收入占主营业务收入的比例为 3.9%，同比增长 3.9%。分规模来看，大、中、小和微型企业的平均电子商务收入比为 5.3∶2.8∶1.7∶1，但是小、微型企业的增长率分别为 6.3% 和 6.0%，显著高于大、中型企业的 0.9% 和 1.7%，且中型企业的增速较 2017 年放缓 0.8 个百分点（图 3-10）。

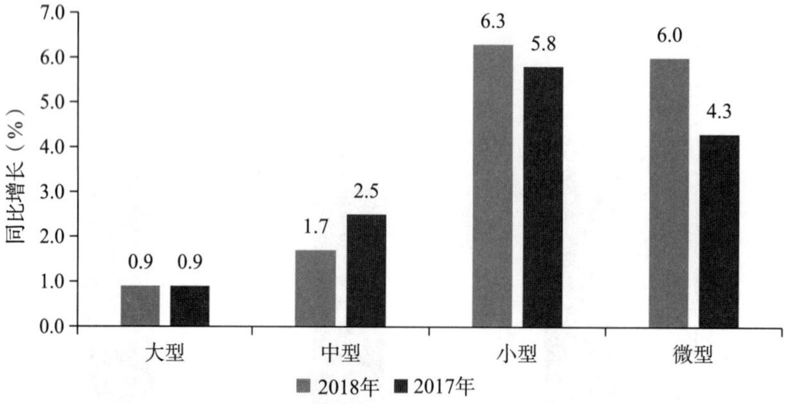

图 3-10　分规模植物油加工企业电子商务收入同比增速

同时开展基地建设和电子商务的企业占比达 46.2%，而在开展电子商务的企业中，有自建和订单生产基地的占比分别为 76.8% 和 72.3%。分规模看，在大、中型企业中，分别有 85.7% 和 52.3% 的企业同时开展了基地建设和电子商务，而小、微型企业中的占比也在 37.5% 以上，显示植物油加工企业在产业融合方面开展了有益探索和实践。

（八）质量安全与品牌建设向好发展

2018 年，参与本次调查的规模以上植物油加工企业中，建有产品质量管理制度的企业占比 85.7%（表 3-1）。建有专门质检机构的占比 76.4%，其中建有通过计量认证的质检机构的占比 37.7%。通过 ISO 9000 系列认证的企业占比 56.3%，通过 ISO 14000 系列认证的占比 18.6%，通过 ISO 22000 系列认证的占比 32.9%，通过 HACCP 质量体系认证的占比 29.2%，通过 GMP 质量体系认证的占比 11.6%。

表 3-1　植物油加工企业质量安全管理体系建设情况

单位：%

项　　目	占　　比
建有企业产品质量管理制度	85.7
建有专门质检机构	76.4
建有通过计量认证的质检机构	37.7
ISO 9000 系列认证	56.3
ISO 14000 系列认证	18.6
ISO 22000 系列认证	32.9
HACCP 质量体系认证	29.2
GMP 质量体系认证	11.6

分规模看，大、中、小和微型企业的产品质量管理制度建设占比分别为 100.0%、86.4%、86.2% 和 70.8%，建有专门质检机构的占比分别为 100.0%、86.4%、75.8% 和 62.5%，建有通过计量认证的质检机构的占比分别为 71.4%、47.7%、36.4% 和 33.3%

（图 3-11）。调查数据显示，大、中型企业的质量管理建设情况要明显优于小、微型企业。这主要归因于一是大、中型企业拥有先进的管理、技术以及资金等优势，二是大、中型企业对质量管理建设重视程度更高。

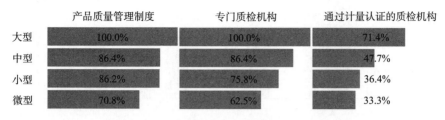

图 3-11　分规模植物油加工企业质量管理建设情况

在品牌建设方面，获得"三品"（有机农产品、绿色食品和无公害农产品）认证的植物油加工企业占比 51.9％。其中，有机农产品认证企业占比 22.4％，绿色食品认证企业占比 22.1％，无公害农产品认证企业占比 7.4％。分规模看，大、中、小和微型企业中"三品"认证占比分别为 85.7％、50％、51.6％和 50％，大型企业认证比例显著高于中、小、微型企业。

在名牌产品与驰名商标建设方面，获得中国名牌产品证书的企业占比为 18.4％，获得中国驰名商标的占 23％，获得省级名牌产品或驰名商标等品牌认证的占 38.5％。分规模看，大、中和小型企业获得中国名牌产品证书的占比分别为 23.6％、36.4％和 17.4％，获得中国驰名商标的占比分别为 71.4％、56.8％和 20.1％，大、中型企业品牌培育能力较强（图 3-12）。

图 3-12　分规模植物油加工企业品牌建设情况

（九）行业科研投入进一步增加

2018 年，参与本次调查的规模以上植物油加工企业中，建有专门研发机构的占45.3％，其中建有省级及以上研发中心的占 25.2％。分规模看，大、中、小和微型企业的专门研发机构占比分别为 85.7％、50.0％、51.6％和 50.0％，省级及以上研发中心占比分别为 71.4％、29.5％、9.0％和 4.2％（图 3-13）。

从技术人员规模看，2018 年，植物油加工企业平均技术人员数 15 人，占员工总数的8.3％。其中大、中、小、微型企业平均技术人员数分别为 158 人、44 人、9 人、3 人，占比分别为 3.2％、8.6％、10.5％和 15.7％。大型企业的技术人员数同比下降 9％，中、小型企业的技术人员数同比分别增长 0.6％和 2.7％。

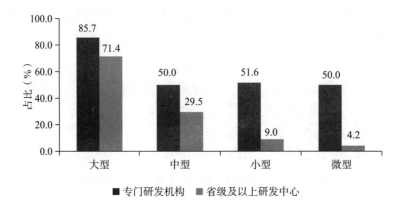

图 3-13　分规模植物油加工企业研发机构建设情况

2018 年，企业平均研发经费投入 251.2 万元，研发投入强度 0.6，同比增加 5.7%。大、中、小和微型企业的平均研发经费分别为 7 971.4 万元、707 万元、130.2 万元和 35.5 万元，研发投入强度分别为 1.6%、0.4%、0.5% 和 0.4%（图 3-14）。可以看出，大型企业的研发经费投入显著高于其他企业，更有利于促进技术升级与换代。但是仅小型企业的研发投入强度从 2017 年的 0.4 提高到 0.5，因此植物油加工业的科研投入仍有待进一步提高。

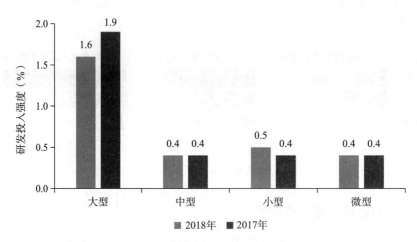

图 3-14　分规模植物油加工企业研发投入强度

（十）龙头企业带动农户发展作用增强

2018 年，参与本次调查的规模以上植物油加工企业中，国家级、省级和市级龙头企业的利润同比增速分别为 18.4%、2.4% 和 29.2%，但是区县级龙头企业的利润同比下降 54.0%（图 3-15）。同时，国家级、省级和市级龙头企业的固定资产投资同比增速分别为 3.2%、3% 和 14.9%，与利润增速呈正相关。

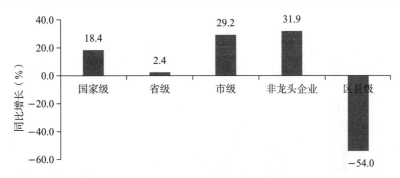

图 3-15　分级别植物油加工业龙头企业利润同比增速

2018 年，植物油加工业龙头企业采用合同联结、合作联结、股份合作联结及其他方式累计带动农户数 338.2 万户，同比增长 11%。其中，合同联结仍是带动农户的主要方式，合作联结方式带动农户数量增长最快；合作联结、股份合作联结和合同联结方式带动农户数量同比分别增长 49.1%、34.8% 和 10.8%，其他方式带动农户数量同比下降 5.8%。在合同联结、合作联结、股份合作联结和其他方式带动四种模式中，国家级龙头企业带动数量占比分别为 64.8%、5.6%、0.7% 和 29%，省级龙头企业的占比分别为 51.6%、22.3%、2.2% 和 23.9%，市级龙头企业的占比分别为 6%、0、6% 和 88.1%（图 3-16）。总体来看，国家级龙头企业以合同联结和其他方式带动为主，省级龙头企业较为灵活地采用合同联结、合作联结和其他方式带动，市级龙头企业则以其他方式带动农户为主。

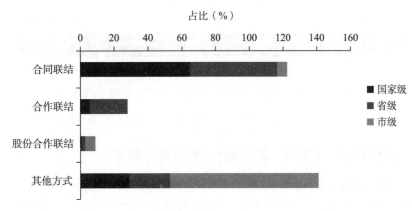

图 3-16　分级别植物油加工业龙头企业带动农户数量占比

2018 年植物油加工企业反馈农户资金 20 亿元，同比增长 14.5%，仍以合同溢价为主要反馈方式。其中合同溢价、合作返利、股份分红和土地租金方式反馈农户资金的增速分别为 16.8%、16.7%、25.0% 和 11.8%，保底收益方式反馈资金同比下降 13.3%（图 3-17）。在合同溢价、合作返利、保底收益、股份分红和土地租金五种方式中，国家级龙头企业反馈资金以合同溢价为主，各类占比分别为 87.2%、3.3%、0.8%、2.3% 和 6.4%；省级龙头企业以合同溢价和合作返利为主，各类占比分别为 54.2%、25.1%、7.8%、2.4% 和 10.6%，而市级龙头企业只有合同溢价一种方式（图 3-18）。

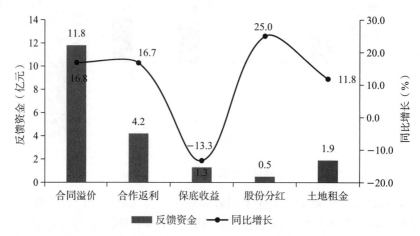

图 3-17　植物油加工企业反馈农户资金及同比增速

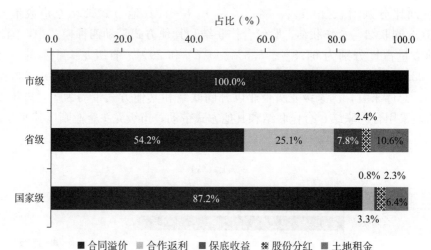

图 3-18　分级别植物油加工业龙头企业反馈农户资金占比

（十一）原料持续依赖进口，企业国际化经营相对薄弱

2018 年，我国油料进口停止了连续六年的增长趋势，由增变减。进口食用油料 9 448.9 万吨[①]，同比下降 7.4％。其中，大豆进口量 8 803.1 万吨，同比下降 7.9％；油菜籽进口量 475.6 万吨，同比增长 0.2％。特色油料进口明显增加，葵花籽、芝麻和亚麻籽进口量分别为 13.9 万吨、82.8 万吨、39.8 万吨，同比分别增长 13.9％、16.4％和 17％。这主要源于国内居民收入持续增长和食用植物油消费结构升级需求驱动，居民对高品质、多元化的食用植物油需求增加，刺激了特色油料进口规模扩大。

由于食用植物油供需缺口有所扩大，通过增加进口植物油来补充国内食用植物油供给的需求相应增大。棕榈油、菜籽油以及其他植物油进口量增加，保障了国内食用植物油供

---

① 数据来源：国家统计局。

给。2018年，我国进口食用植物油808.7万吨，同比增长8.9%，连续两年大幅增加。其中，棕榈油进口量532.7万吨，同比增长4.9%；菜籽油进口量129.6万吨，同比增长71.2%；葵花油和红花油进口量70.3万吨，同比下降5.7%；大豆油仅进口54.9万吨，同比下降16%。同时我国也出口119.5万吨油料，同比增长8.7%；贸易逆差400.4亿美元，同比减少3.3%。食用植物油出口量29.6万吨，同比增长46.7%；贸易逆差55.5亿美元，同比增长1.9%。

2018年，参与本次调查的规模以上植物油加工企业的主营产品出口总额同比下降20.2%，表现为全面下滑，其中大、中和小型企业同比分别下降24.1%、10.5%和25.6%。企业在利用外资总额和境外投资总额方面略有增长。其中企业实际利用外资总额6.9亿元，同比增长7.8%；企业境外投资总额3.8亿元，同比增长6.9%。这也表明行业有开展跨国布局的积极势头。

二、重要政策及热点事件

（一）国家进一步加大油料生产补助

2018年4月3日，农业农村部、财政部发布2018年财政重点强农惠农政策，包括农民直接补贴、支持新型农业经营主体发展、支持农业结构调整、支持农村产业融合发展、支持绿色高效技术推广服务、支持农业资源生态保护和面源污染防治、支持农业防灾救灾和大县奖励政策八个方面。在绿色高产高效创建方面，兼顾油料等品种，选择一批生产基础好、优势突出、特色鲜明、产业带动强的县开展整建制创建，示范推广绿色高产高效技术模式，增加绿色优质农产品供给。在农业保险保费补贴中，将油料作物纳入了补贴范围，按照农业保险自主自愿等原则，农民缴纳保费比例由各省（自治区、直辖市）自主确定，一般不超过20%，其余部分由各级财政按比例承担。同时也推出了产油大县奖励政策，大县标准和资金使用要求按照《产粮（油）大县奖励资金管理暂行办法》（财建〔2016〕866号）执行。此政策的发布对油料生产产生了较大的促进作用。

（二）加快提升油料加工技术装备水平

2018年12月25日，为深入贯彻落实党的十九大精神，实施乡村振兴战略，根据2018年中央1号文件提出的"实施农产品加工业提升行动"要求和国务院领导批示精神，农业农村部等15部门发布《关于促进农产品精深加工高质量发展若干政策措施的通知》（农产发〔2018〕3号），其中重点涉及优化产业结构、加快布局调整、积极培育精深加工企业、提升技术装备水平、加强人才培养、加大财政支持力度、强化金融服务、落实用地政策和建立工作机制九个方面。在提升技术装备水平措施中，强调了加快推进油料饼粕等副产物综合利用，开发新材料、新产品等，并建立相应的精深加工和综合利用加工技术装备目录，支持和鼓励企业和单位攻破关键核心技术。政策的发布对促进油料精深加工高质量发展及农业提质增效、农民就业增收和农村一二三产业融合发展，推动农产品加工技术装备水平提升，实施乡村振兴战略，保持国民经济平稳较快增长，都具有十分重要的意义。

（三）国家农产品加工技术研发中心扩增 5 家油料专业中心

2018 年 9 月 12 日，农业农村部发布了 2018 年新增国家农产品加工技术研发专业中心名单（农办产〔2018〕1 号）。其中新增油料加工技术研发专业中心 5 家，均为行业重点企业，并要求各省（自治区、直辖市）农业部门要加强对新增研发专业中心的指导服务、协调政策落实，强化基础条件建设，促进农产品加工技术创新，为实现乡村产业振兴提供支撑。研发专业中心的壮大将进一步推动技术创新，加快成果转化，为促进乡村产业振兴、全面建成小康社会做出贡献。

（四）应对中美贸易摩擦，油料进口源多元化显现

2018 年，中美贸易摩擦加剧对我国油料行业带来冲击。北美地区是我国主要的油料进口来源地区之一，我国从美国进口大豆 1 664 万吨，占进口大豆总量的 18.9％，同比下降 49％。11 月 7 日，农业农村部部长韩长赋与俄罗斯联邦农业部部长正式签署了《中国东北地区和俄罗斯远东及贝加尔地区农业发展规划》。根据规划书，双方未来将合作建造粮食贮存、食用油加工、畜牧业和渔业综合体。此外，两国还有意扩大大豆和大米的种植规模。面对新形势，我国也在积极开拓新的进口源，包括南美、欧洲、非洲等，同时随着"一带一路"倡议的推进，进口源将得到良好的保障。

（五）新版食用油国家标准实施

国家标准的制（修）订是提高产品质量、保护消费者利益的关键。2018 年，国家卫生健康委员会和国家市场监督管理总局陆续实施新的食用油国家标准，包括《玉米油》（GB/T 19111—2017）、《大豆油》（GB/T 1535—2017）、《花生油》（GB/T 1534—2017）、《葵花籽油》（GB/T 10464—2017）、《芝麻油》（GB/T 8233—2018）、《油茶籽油》（GB/T 11765—2018）和《食品安全国家标准　植物油》（GB 2716—2018）。我国将食用油强制国家标准转化为推荐国家标准，鼓励企业自愿采用，通过激烈竞争，争相提高产品质量，达到百花齐放、推陈出新的目的，为满足消费者多层次、多元化的需求，节约有限的社会资源提供了条件。新标准的实施将对行业发展起到引领作用，促进与国际同类商品的质量接轨和贸易往来，利于规范市场，保护多方的利益；有助于产业节能减排和资源充分利用，提升植物油加工技术整体水平，为市场提供营养健康的产品，更有利于我国植物油产业的健康发展和进步。

（六）油料行业取得重要科技进展

1. 7D 功能型菜籽油产地绿色高效加工技术进一步优化升级　中国农业科学院油料作物研究所研发团队优化了 7D 工程技术方案，设计了标准化的工艺流程图、设备管道布置图、电路图、控制系统图和非标设备设计图，确定了工艺关键控制点，编制了设备操作说明书、工程安装手册和工艺操作规程，实现了工程模块化和标准化，为技术和装备的推广应用奠定了良好的基础。2018 年，在江西婺源、南昌、景德镇，以及青海互助、浙江温州、湖北荆州和四川阿坝等地新建生产线 8 条。2018 年 9 月，中国农业农村科技发展高

峰论坛发布了《2017 中国农业农村新技术、新产品和新装备》，其中 7D 功能型菜籽油产地绿色高效加工技术被评为十大新技术之一。

2. 油料脂质组高效分析关键技术取得重大突破　中国农业科学院油料作物研究所研发团队发明的表面改性单分散磁性纳米颗粒等油脂萃取材料，银离子固载磺酸基/辛基键合硅胶等色谱固定相，油料油脂中痕量脂质及脂类伴随物的高选择性、高灵敏定性和定量分析方法等，为我国油料油脂加工利用与营养评价、油料品质改良与优异资源发掘等研究提供了关键分析方法。该技术成果在国内 13 个省（自治区、直辖市）27 家科研院所和企业应用，为推动我国油料油脂产业提质增效与转型升级，提高油脂质量、保障消费安全提供了技术支撑，并获得了 2018 年度中国农业科学院青年科技创新奖。

3. 食用植物油料油脂特异品质检测技术及标准取得重要进展　针对植物油脂分子分离识别难、特质成分富集纯化难和特异品质现场检测难的国际难题，中国农业科学院油料作物研究所研发团队发明了植物油料油脂分子直接检测技术，创建了油酸、甾醇、芝麻素及风味物质等特异品质精准检测技术，实现了特异品质检测技术的现场化、简便化、实用化和标准化。该技术成果在 25 个省（自治区、直辖市）油料科研、生产、收储、加工及检测、监管等单位广为应用，取得了显著的社会、经济效益，推动了我国由传统油料品质向特异品质检测的整体跨越，为提升油料品质、产业提质增效和保障食用油安全做出了重要贡献，并获得了 2018 年度湖北省技术发明一等奖。

三、面临的主要问题与挑战

（一）油料消费增速放缓

随着我国人口总量增加及城镇化率进一步提高，居民饮食结构向高蛋白需求方向发展，对肉类、禽蛋和水产品等高蛋白产品的需求量明显增加，间接刺激以豆粕为主的蛋白粕类需求，推动我国油料消费水平整体持续提高。然而，我国油料年人均占有量 2010—2018 年的年均增速仅为 0.47%，油料油脂消费增速放缓趋势明显。

（二）油料油脂对国际油料市场的依赖仍将持续

我国油料油脂的需求量持续增加，但国内生产数量增加有限，供需缺口必须依靠进口弥补，国际油料油脂的变动对我国国内油料消费市场所起作用日益明显。未来我国将继续利用国际油料油脂市场调剂国内的供需余缺，部分油料油脂仍将对国际市场保持较高的依赖程度。

（三）油料油脂品质和检测技术水平有待提升

随着乡村振兴战略的全面深入实施，我国居民对油料油脂多元化、高质量需求日益增加，现有油料品种不能满足高质量需求的矛盾日益突出。除生产环节的品质有待提升外，我国油料油脂品质检测技术也相对缺乏。当前检测技术仅能检测含油量、蛋白质、脂肪酸等常规品质参数，严重缺乏油料油脂特质营养成分检测技术，无法鉴别油脂真假优劣，在一定程度上制约了油料油脂品质提升。

(四) 油料油脂加工产业链条总体偏短

我国油料加工大部分企业以油料压榨、浸出、油脂精炼为主，产品也以油脂和饼粕为主，很少涉足油料收储、物流、贸易、深加工等产业链的环节，结构较为单一，产业链不完整。而国外大型油料加工企业大多走产业链一体化、产品多元化的道路，企业抗风险能力和竞争力显著优于我国企业。当前，我国油料产业缺乏推动产业链有效互动和相互促进的协同机制及明确的特色分工，生产资源配置不协调，产业结构趋同化明显，导致我国油料加工的高附加值产品无论是在深度还是广度上都开发不够。

(五) 油料油脂安全隐患凸显

油料油脂质量安全问题仍然严峻，相关检测监测与预警防控技术严重滞后。近年来，花生、玉米等油料及植物油受到生物毒素、农药残留、重金属等严重污染，严重威胁农产品质量安全与消费安全，影响人民群众生命健康。然而，目前仍缺乏油料产品污染物高通量、高灵敏检测技术，生物毒素污染分子预警技术严重滞后，精准防控技术匮乏，尚无油料特异品质检测与真实性鉴别技术，无法保障油料消费安全，难以满足油料产品高质量、多用途开发的需求。

四、政策建议

一是积极拓展油料进口渠道。重点依托"一带一路"沿线国家和地区，优化油料贸易格局，扩大俄罗斯、乌克兰、哈萨克斯坦、乌拉圭、加拿大等国家的大豆进口，增加俄罗斯、澳大利亚、乌克兰等国家的油菜籽进口，增加中亚、中东、东欧、非洲等地区的芝麻油、葵花籽油、橄榄油等特色油料油脂进口。积极争取在土地使用、项目审批、税收、人员往来等方面的便利和优惠政策。

二是进一步完善成果转化制度。在现有国家关于促进技术创新、加速科技成果转化等各项税收优惠政策的基础上，进一步积极鼓励和扶持企业开发新产品、新工艺、新技术和新设备，加大企业研究开发服务的税前扣除等激励政策的力度。结合企业所得税和企业财务制度，资助和鼓励企业建立技术研究开发专项资金制度。

三是完善技术标准体系。政府主管部门和行业学会等应加强对重要技术标准制定的指导协调，推动技术法规和技术标准体系的建设，促进标准制定与研发设计、制造相结合，保证标准的时效性。

四是大力推进产业集聚。大力支持产业集聚区加快油料产业园区建设，加大招商引资力度，积极承接产业转移，壮大油料产业规模，打造现代产业园区。支持和鼓励园区建设综合及各类专业性公共服务平台，大力扶持产业发展与科研公共服务平台项目建设。加强原料基地建设，统一规划和建设一批规模化、标准化、专用化和集约化的食用原料生产基地。支持重点植物油加工企业与农民专业合作社通过联合、租赁等方式向产业链前端延伸，保障优质食用原料的有效供给和质量安全，推进农业产业化集群发展。

　　五是加快产业信息化建设。一方面指导植物油加工企业将信息技术融入研发设计、生产、管理、营销等各个环节，推动产业向网络化、智能化方向发展，逐步实现植物油加工业与信息化的深度融合；鼓励企业利用信息化技术和供应链管理技术，建立现代市场营销网络和标准化的物流中心。另一方面，通过搭建电子商务平台和与知名电子商务平台的合作，组织品牌植物油加工企业和名特优产品上网销售，为企业开拓市场，拓宽营销渠道，提高市场占有率。

第四章 / 果蔬产业发展情况

　　2018 年,来自山东、江苏、云南等 22 个省(自治区、直辖市)的 1 721 家果蔬加工企业(主营业务收入 500 万以上)参与本次调查。其中规模以上企业 1 393 家,占全部调查企业的 80.9%。规模以上企业数量占比前列的省(自治区、直辖市)中:山东 463 家,占 33.2%;江苏 163 家,占 11.7%;云南 88 家,占 6.3%。

　　参与本次调查的规模以上果蔬加工企业以有限责任公司、私营企业为主。其中,有限责任公司 919 家,占规模以上果蔬加工企业数量的 66%;私营企业 271 家,占 19.5%;股份有限公司 95 家,占 6.8%;其他企业 32 家,占 2.3%;外商投资企业 31 家,占 2.2%;港澳台商投资企业 27 家,占 1.9%;国有企业 8 家,占 0.6%;股份合作企业 7 家,占 0.5%;集体企业 1 家,占 0.1%;联营企业 2 家,占 0.1%。

　　各级别农业产业化龙头企业数量分布合理。其中,国家级龙头企业 59 家,占 4.2%;省级龙头企业 598 家,占 42.9%;市级龙头企业 617 家,占 44.3%;非龙头企业、合作社及区县级龙头企业共计 119 家,占 8.5%。

　　分规模看,以中、小型企业为主,符合我国目前果蔬加工企业现状。其中,大型企业 32 家,占 2.3%;中型企业 309 家,占 22.2%;小型企业 1 017 家,占 73%;微型企业 35 家,占 2.5%。分区域看,企业分布以东、中、西部为主,分别占 54.6%、17.7% 和 22.5%,清楚地体现了我国目前果蔬加工企业的分布情况。

一、样本企业运行情况

(一)主营业务收入和利润双增长

　　参与本次调查的规模以上果蔬加工企业,2018 年平均每家企业完成主营业务收入 1.4 亿元,中位数为 7 020 万元,同比增长 0.6%;2018 年累计实现利润总额 175 亿元,平均每家企业实现利润 1 104 万元,分别较 2017 年增长 2.7% 和 2.8%。分规模看,中、小、微型企业利润同比增长,而大型企业利润呈现负增长,同比增速为 −3.2%(表 4-1)。这主要是由于大型企业总体投入较多,同时面临的环保压力较大。

(二)从业人员数量下降

　　1. 就业人数整体下降　2018 年,参与本次调查的规模以上果蔬加工企业员工总数为

表 4-1　分规模果蔬加工企业平均利润情况

规模	2018 年平均利润（万元）	2017 年平均利润（万元）	增速（%）
大型	8 516.9	8 797.0	−3.2
中型	1 708.7	1 606.5	6.4
小型	718.1	700.3	2.5
微型	314.2	296.3	6.0

43.5 万人，平均人数 277 人，同比下降 3.1%。果蔬加工企业就业人数减少，但果蔬加工企业固定资产总额增长。主要原因有两个：一是企业为了不受劳动力成本上升的影响，提高了生产机械化、自动化水平；二是果蔬加工业整体规模缩小。

分规模看，所有规模企业员工人数均同比下降。其中，大型企业员工人数占员工总数的 21.8%，同比下降 5%；中型企业员工人数占 47.1%，同比下降 1.1%；小型企业员工人数占 30.8%，同比下降 4.6%；微型企业员工人数占 0.2%，同比下降 30.7%，降幅最大。

分区域看，东部地区企业员工人数占员工总数的 64.8%，同比下降 3.4%；中部地区企业员工人数占 18.3%，同比下降 5.2%，降幅最大；西部地区企业员工人数占 14.3%，同比下降 0.2%；东北地区企业员工人数占 2.8%，与 2017 年基本持平。

2. 生产人员数下降　2018 年，参与本次调查的规模以上果蔬加工企业生产人员总数为 30.9 万人，平均每家企业拥有生产人员 199 人，同比下降 2.5%。其中，大、中、小、微型企业平均生产人员数同比分别下降 6.3%、1.3%、1.5% 和 27.2%，微型企业平均生产人员数下降最为明显，中、小型企业较为平稳（表 4-2）。分区域看，东部、中部、西部和东北地区果蔬加工企业生产人员数同比分别下降 3.0%、1.9%、0.7% 和 0.9%，东部地区下降较为明显（表 4-3）。

3. 技术人员数增加　2018 年，参与本次调查的规模以上果蔬加工企业技术人员总数为 1.8 万人，占员工总数的 4.2%，平均每家企业拥有技术人员 14 人，同比增长 6.6%。其中，大、中和小型企业平均技术人员数同比分别增长 0.8%、9.9% 和 6.4%，中型企业实现较快增长，微型企业技术人员数与 2017 年持平（表 4-2）。分区域看，东部、中部、西部和东北地区果蔬加工企业平均技术人员数增幅分别为 5.7%、7.0%、10.3% 和 7.5%（表 4-3）。由此表明果蔬加工企业认识到加强技术创新对企业发展的重要性，这对提高行业技术水平、产品质量安全、企业管理水平均有积极的作用。

表 4-2　分规模果蔬加工企业从业人员数量与结构情况

规模	平均从业人员数		平均生产人员数		平均技术人员数	
	数量（人）	同比增长（%）	数量（人）	同比增长（%）	数量（人）	同比增长（%）
大型	2 565	−5.0	1 734	−6.3	91	0.8
中型	591	−1.1	434	−1.3	22	9.9
小型	117	−4.6	86	−1.5	9	6.4
微型	13	−30.7	10	−27.2	2	0

表 4-3　分区域果蔬加工企业从业人员数量与结构情况

地区	平均从业人员数		平均生产人员数		平均技术人员数	
	数量（人）	同比增长（%）	数量（人）	同比增长（%）	数量（人）	同比增长（%）
东部	316	−3.4	236	−3.0	16	5.7
中部	299	−5.2	213	−1.9	13	7.0
西部	183	−0.2	115	−0.7	10	10.3
东北	151	0	95	−0.9	9	7.5

4. 除中型企业外，其他类型企业从业人员工资均上升　2018 年，参与调查的规模以上果蔬加工企业人均工资 2.7 万元，同比增长 3.1%，企业用工成本小幅上升。分规模看，大、中、小、微型企业人均工资涨幅分别为 10.7%、−4.2%、3.6% 和 48%，微型企业人均工资涨幅最大，中型企业人均工资有所下降。分区域看，东部和东北地区果蔬加工企业人均工资涨幅分别为 3.7% 和 11.8%，中部和西部地区与 2017 年持平。

（三）果蔬加工业产业集中度较高

从调查企业数量看，果蔬加工企业以中、小型企业为主，大、中、小和微型企业数量和比重均呈正态分布，集中度相对较高。

以主营业务收入为指标，2018 年填报企业的主营业务收入基尼系数为 0.556，2017 年同期主营业务收入基尼系数为 0.561，变动值仅为 −0.005，产业集中度基本没有变化。

（四）产能利用率提高

1. 产能利用率同比提高　2018 年，果蔬加工企业产能利用率平均值为 43.3%，比 2017 年提高 2.1 个百分点，产能利用率中位数为 41.8%，比 2017 年提高 1.2 个百分点，产能利用情况好于 2017 年。分规模看，大、中、小型企业产能利用率虽有上升，但均未超过 50%，果蔬加工企业需要强化品牌建设和加大市场开拓力度，注重管理、技术、设备和产品创新，进一步提高产能利用率。特别是微型企业的产能利用率平均值为 30.8%，中位数为 28.3%，比 2017 年同期有所下降，且明显低于果蔬加工企业平均值（图 4-1）。这说明微型企业产能利用率偏低，需要优化市场、资本、技术、设备等要素，提高产能利用率。

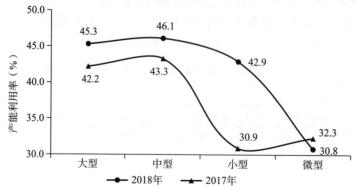

图 4-1　分规模果蔬加工企业产能利用率

2. 企业规模越大，开工率越高　2018 年，果蔬加工企业平均生产天数为 264 天，生产天数中位数为 295 天。平均生产天数占全年天数（满负荷天数）的 79.2%，比 2017 年提高 0.5 个百分点。分规模看，大、中、小和微型果蔬加工企业的开工率分别为 85.0%、82.6%、78.3% 和 70.3%，企业规模越大，开工率越高（图 4-2）。

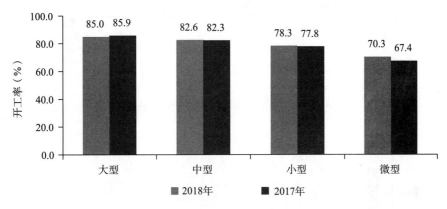

图 4-2　分规模果蔬加工企业开工率

（五）固定资产投资总额增速较快

2018 年，规模以上果蔬加工企业固定资产投资总额为 566.2 亿元，同比增长 3.1%。分区域看，中部地区增幅最大，同比增长 7.1%（图 4-3）。分规模看，大型企业增幅最大，同比增长 5.8%，而微型企业同比下降 4.2%（图 4-4）。分登记类型看，联营企业增幅最大，同比增长 71.8%，而国有企业同比下降 33.3%（图 4-5）。根据对填报企业的统计，2018 年新增固定资产投资总额 34.8 亿元，比 2017 年减少 4 亿元，同比下降 10.3%。

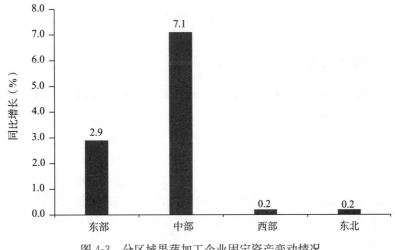

图 4-3　分区域果蔬加工企业固定资产变动情况

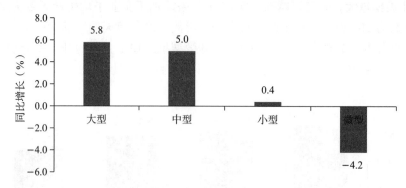

图 4-4　分规模果蔬加工企业固定资产变动情况

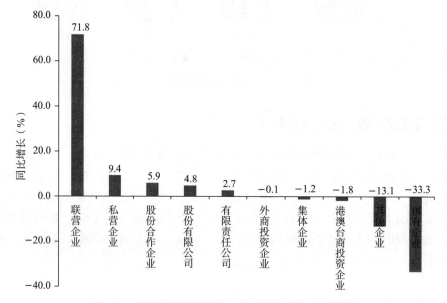

图 4-5　分登记类型果蔬加工企业固定资产变动情况

（六）电子商务稳步发展

1. 开展电子商务的企业数量超五成　参与本次调查的规模以上果蔬加工企业中，有 841 家企业开展了电子商务交易，占 52.3%。其中有 508 家果蔬加工企业的电子商务收入大于零，比 2017 年增加 33 家。2018 年，规模以上果蔬加工企业共实现电子商务收入 57.2 亿元，占主营业务收入的 7.6%，比 2017 年提高 1 个百分点；企业平均电子商务收入 1 125.8 万元，同比增长 19.4%。开展电子商务的企业数量和收入的增长得益于以下三个方面：一是近年来互联网技术发展日新月异和农产品电商经营模式不断创新；二是大型电商平台的快速扩张，为电子商务的进一步渗透和普及提供了更广阔的空间；三是消费者对于线上食品的消费热情不断高涨，推动果蔬行业开展电子商务的企业数量和收入快速增长。然而，目前电子商务收入占企业主营业务收入比例仍然较低，电子商务发展潜力巨大。

2. 产业融合发展初具成效　随着国家实施乡村振兴战略、加快农产品标准化基地和规模农产品电商平台建设、推进农村一二三产业融合发展，诸多果蔬加工企业为坚持产业化经营战略，通过建设自有专业化、规模化基地，实现标准化统一管理。参与本次调查的规模以上果蔬加工企业中，44.1%的企业开展了电子商务并有自建生产基地，在未开展电子商务的企业中仅有31.5%的企业有自建生产基地；有38.1%的企业开展了电子商务并有订单生产基地（图4-6）。这说明企业越来越重视自建生产基地、订单生产基地建设和电子商务活动开展，产业融合发展成效显著。

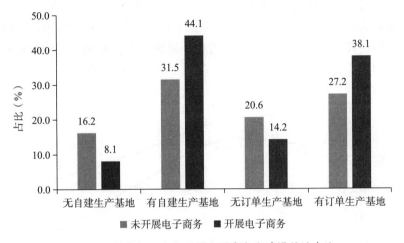

图4-6　果蔬加工企业开展电子商务和建设基地占比

3. 大型企业开展电子商务比例高，中型企业电子商务发展迅猛　开展电子商务的大、中、小、微型企业的数量分别占参与本次调查的各规模企业数量的73%、60.5%、49.7%、36.4%。大型企业资本雄厚、资源丰富，可充分整合资金、技术、人才，利用信息网络技术的意愿和能力较强，为开展电子商务业务提供了较好的基础。而资金投入不足、信息化体系不健全、技术和人才缺乏等瓶颈影响了中、小型企业电子商务的发展。

从电子商务收入情况看，大型企业平均电子商务收入1 751万元，同比增长6.6%；中型企业平均电子商务收入2 035.6万元，同比增长34.7%，收入增长突出；小型企业平均电子商务收入772.4万元，同比增长7.8%。不同规模企业终端产品形态或终端客户类型不同，决定其电子商务的发展程度与收入水平存在差异。许多大型果蔬加工企业以经营农产品原料或食品精深加工原料贸易为主，服务客户主要是深加工企业，电子商务业务量及收入较少。而中、小型企业产品以终端食品为主，面对的客户主要是终端消费者，除了传统的线下销售，还需拓展线上销售渠道。

4. 产业园区企业开展电子商务比例较高　调查显示，果蔬加工企业有740家位于产业园区内，其中开展电子商务的企业467家，占63.1%；非产业园区内企业中，开展电子商务的企业占43%。部分产业园区在互联网基础服务、应用服务等方面具备电子商务发展的优良基础和条件，可为产业园区企业在加强企业合作、电子商务应用宣传、人才交流培养及政策引导支持等方面提供相应服务，在一定程度上促进了产业园区企业电子商务的快速发展。

（七）原料采购与消耗

2018 年，参与本次调查的果蔬加工企业中，至少具有自建或订单生产基地一类基地的企业占 86%。其中仅有自建生产基地的企业占 20.7%，仅有订单生产基地的企业占 10.3%，既有自建生产基地又有订单生产基地的企业占 54.9%。被调查企业基地总数为 2 267 个。其中自建生产基地 1 217 个，占 53.6%；订单生产基地 1 050 个，占 46.3%。

1. 果蔬加工企业基地建设发展空间较大　分规模看，大、中、小、微型企业自建生产基地占比分别为 86.5%、83.9%、73.3%、63.6%，订单生产基地占比分别为 75.7%、77.1%、62.1%、45.5%（图 4-7）。可以看出，果蔬加工企业的基地建设还有较大空间，尤其是小、微型企业的基地建设空间更大，基地不足，原料的质量安全难以保证。

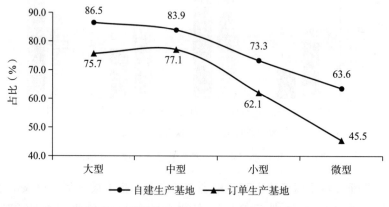

图 4-7　分规模果蔬加工企业基地建设情况

2. 企业基地原料采购值占比不大，自给率不高　2018 年，果蔬加工企业原料总采购值 966.8 亿元。其中，自建生产基地采购值 90.7 亿元，占 9.3%，订单生产基地采购值 213.8 亿元，占 22.1%，两者占比之和仅为 31.4%。可见基地原料自给率不高，存在质量安全隐患，同时也会影响企业的正常生产。分规模看，大、中、小、微型企业自建生产基地采购值占总采购值的比例分别为 13.1%、11.1%、7.1% 和 0.3%，大、中型企业更加重视自建生产基地建设（图 4-8）。各类型企业自建和订单生产基地原料采购值占总采购值的比例分别为 50.7%、36.5%、22.2% 和 15.2%，所占比例均较低，仅大型企业超过 50%，可见果蔬加工企业在原料采购上存在风险。

3. 企业平均原料消耗呈下降趋势　受经济下行压力、生产成本高、生产规模缩小、产品市场认可度降低和销量下降等因素影响，2018 年大部分果蔬品种的原料消耗大幅下降。降幅最大的品种为西瓜，同比下降 49.2%；菠萝同比下降 34.9%，柿子同比下降 27%，巴旦木同比下降 25.3%，苹果同比下降 23.7%，葡萄、桃、杏、柑和甜瓜同比降幅在 10%～20%。但也有少量品种的原料消耗呈增长态势。其中龙眼消耗增幅最大，同比增长 20.5%；辣椒同比增长 13.9%，荔枝同比增长 13.8%，核桃同比增长 7.2%，橙同比增长 7.1%。

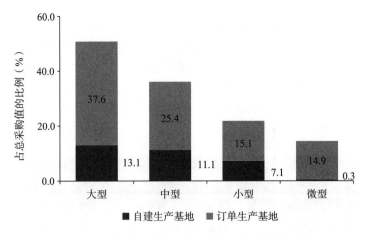

图 4-8　分规模果蔬加工企业基地原料采购值占比

（八）质量安全与品牌建设良好

近年来，食品安全事件时有发生，食品安全问题越来越被重视。为了从企业生产根源上解决食品安全问题，我国相继出台食品安全相关政策、法律及质量认证体系，如《食品生产许可管理办法》、《中华人民共和国食品安全法》、ISO 质量认证体系、HACCP/GMP 质量认证体系等，以期为人们创造一个安全、健康的饮食环境。

被调查果蔬加工企业中，建有产品质量管理制度的企业占 87.4%，建有专门质检机构的企业占 71.7%，建有通过计量认证的质检机构的企业占 30.6%。可以看出，绝大多数企业都建有自己的产品质量管理体系，有超七成的企业建有专门质检机构，但目前建有通过计量认证的质检机构的企业仍是少数。

从 ISO 系列认证看，62.4% 的果蔬加工企业通过了 ISO 系列认证，平均通过 1.5 项认证。其中，企业认证普及率最高的是 ISO 9000 系列认证，通过该项认证的果蔬加工企业占 46.2%；通过 ISO 22000 系列认证的企业占 29.5%；通过认证最少的是 ISO 14000，通过 ISO 14000 系列认证的企业仅占 14.7%。从质量体系认证看，HACCP 质量体系认证的普及率较高，而 GMP 质量体系认证的普及率相对较低，通过认证的企业占比分别为 42.3% 和 18.9%。

1. 东部沿海地区质量安全体系建设较好　从调查数据看，我国各省（自治区、直辖市）果蔬加工企业在质量安全建设上总体情况良好，各省（自治区、直辖市）具有产品质量管理制度的企业占比均达到 53% 以上。但也存在一定的问题，即地区间发展不平衡，不同省（自治区、直辖市）果蔬加工企业产品质量管理制度和质量体系认证存在较大差异，且与经济发展状况存在正相关关系。东部沿海经济发达地区（如上海）企业质量安全体系建设远好于西北经济发展相对不发达地区（如贵州、内蒙古、吉林、甘肃等地）。经济越发达地区的果蔬加工企业对质量安全体系建设越重视。

2. 大、中型企业质量安全体系建设较完善　大型企业的产品质量管理制度、专门质检机构和通过计量认证的质检机构占比分别为 97.3%、89.2%、48.6%，均高于在中型企业（94.1%、83.1%、33.6%）、小型企业（86.0%、68.8%、29.3%）和微型企业（63.6%、43.2%、27.3%）中的占比，且各部分占比随着企业的规模减小呈下降趋势（图4-9）。大型企业与中、小、微型企业在产品质量管理制度上的占比差距分别为3.2%、11.3%和33.7%，在专门质检机构上的占比差距分别为6.1%、20.4%、46.0%，在通过计量认证的质检机构上的占比差距分别为15.0%、19.3%、21.3%。可见，大、中型企业质量管理建设情况好于小、微型企业。

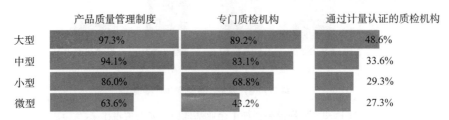

图 4-9　分规模果蔬加工企业质量管理建设情况

中、小、微型企业数量占果蔬加工企业总量的七成以上，但从构建质量管理制度和质量认证体系情况来看，小、微型企业与大、中型企业仍有较大差距。尤其是从平均数量看，大型企业平均通过ISO系列认证的数量是小型企业的2.3倍、微型企业的3倍。

3. 大型企业品牌知名度高　品牌强弱是一个企业实力强弱的标志。农业品牌化是一个长期过程，要在实践中不断探索，在探索中深化认识，在认识深化的基础上不断创新，以此良性循环，逐渐实现品牌建设目标。

不同规模企业在获得"三品"认证及品牌打造方面的情况也不相同，大型企业的"三品"认证率是小型企业的1.5倍、微型企业的2.3倍。从中国名牌产品证书、中国驰名商标及省级名牌产品或驰名商标来看，大型企业获三种级别品牌认证的比例均显著高于其他类型企业，分别是中型企业的1.6倍、2.2倍、1.5倍，小型企业的3倍、3.8倍、2.8倍，微型企业的8.4倍、4.6倍、4.3倍（图4-10）。可以预见，在未来相当长时间里，各省（自治区、直辖市）以及各规模企业间的竞争与合作，实质是各方在全国范围内经济发展中的竞争，而这一竞争的具体表现将会是品牌之争。

图 4-10　分规模果蔬加工企业品牌建设情况

品质与品牌，两者相互依存、相互促进，共同推进产品的良性发展。用促进品牌建设和保护品牌的方法，提高农产品品质，同时用一流的品质来维护品牌的声誉，是提高农产品市场竞争力的主要途径，有好品质才有名品牌。

（九）科技进步与创新

近年来，我国果蔬加工产业科技发展迅速，科技研发取得了一批重大成果，同时制定了一批新标准，建设了一批创新基地，培育了一批优秀人才，科技创新能力不断增强，农产品安全保障能力稳步提升，科技支撑能力明显提高。2018年，我国规模以上农产品加工企业7.9万家，营业收入14.9万亿元，农产品加工业与农业产值比达到2.3：1，农业科技进步贡献率由2012年的53.5%提高到58.3%。但不同地区科技进步发展不平衡导致农业贡献率差异较大，江苏、西藏的农业科技进步贡献率分别为67%、49%。整个果蔬产业要素活力仍显不足，产业链条仍然较短，农产品加工转化率仅为65%左右，比发达国家低20个百分点，产业基础设施仍然薄弱。

科技体制改革释放了强大的创新活力，市场导向的技术创新机制逐步得到完善，企业技术创新主体地位不断强化。2018年，参与本次调查的规模以上果蔬加工企业中，建有专门研发机构的企业占50.7%，其中拥有省级及以上研发中心的企业占14%，技术人员数同比增长6.6%。分规模看，大型企业科研实力雄厚，建有省级及以上研发中心的企业占比较大，为40.5%（图4-11）。从研发投入看，2018年果蔬加工企业研发投入总经费达22.5亿元，投入强度为1%，大、中、小、微型企业平均研发投入经费分别为1 280.3万元、267.1万元、74.9万元和10.9万元，大型企业研发投入强度较2017年有明显提高（图4-12）。

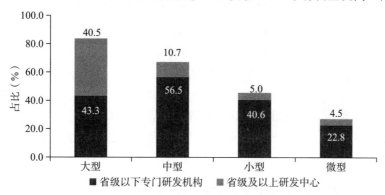

图 4-11　分规模果蔬加工企业研发机构建设情况

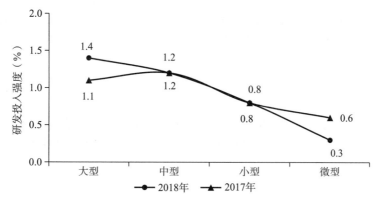

图 4-12　分规模果蔬加工企业研发投入强度

二、行业发展趋势特点

我国是世界上最大的果蔬生产国和果蔬制品加工基地，水果产量与蔬菜产量均居世界第一，果蔬加工业已成为我国创汇农业的重要组成部分。据国家统计资料显示，截至2017年，我国果园面积达到 1.8 亿亩[①]，总产量 2.7 亿吨，加工总产值 1.3 亿元；全国蔬菜播种面积达到 3.1 亿亩，总产量 7.1 亿吨，加工总产值达 2.6 万亿元。由此可见，果蔬加工业是涵盖一二三产业的全局性和战略性产业，是衔接工业、农业与服务业的关键产业，也是我国农产品加工业中具有明显比较优势和国际竞争力的行业。我国果蔬加工业已成为直接关乎饮食安全、紧密关联"三农"问题、拉动内需、增加就业、保障民生、有效促进经济增长的国民经济重要支柱产业和基础产业之一，也是保障国家食品质量安全、承载国民饮食营养健康的民生产业。但目前我国果蔬加工转化率不到 20%，存在加工原料品种不明确、产品种类单一、产品附加值不高、副产物综合利用不充分等问题。随着供给侧结构性改革的深入推进和市场需求的不断扩大，果蔬加工业已经向加工品种专用化、原料基地化、质量体系标准化、生产管理科学化、技术先进化及大公司规模化、网络化、信息化经营等方向发展。

（一）果蔬加工原料生产趋向基地化、规范化、标准化

我国果蔬加工企业已开始意识到建立果蔬加工专用原料生产基地的重要性，越来越多的企业在优势产地建立原料生产基地以保证原料的品种、品质和产量，建立大型果蔬采后工作站，集成清洗、分级、加工、包装和贮藏运输设备为一体的综合深加工体系。在果蔬原料的生产中，全面实行危害分析与关键控制点管理方式，实现规模化、安全化生产。同时，逐步完善我国果蔬产品标准，建立产业链产品危害因子来源追溯体系，针对食品全产业链薄弱环节，开发食品风险评估及预警、可追溯系统，引导产业对食品安全隐患形成有效的防御机制。

（二）果蔬产品趋于加工最少化、健康化、多样化

随着我国供给侧结构性改革和大健康时代的来临，消费者对更天然、更营养、更健康产品的需求不断增加，果蔬加工逐步向最少化、健康化和多样化方向发展，以满足消费者更高的需求。果蔬加工业通过应用新型加工技术，如超高压加工技术、逆流色谱提取技术、分子蒸馏技术等来实现对果蔬原料品质更好保留、天然活性成分的高效提取、新型产品的开发等，目前已自主研发出了市场需求旺盛的非浓缩还原（NFC）果蔬汁、速冻即食果品、低温即制蔬菜制品、发酵类果蔬食品等产品，极大地丰富了产品类型。同时，相比采用传统热加工方法，应用新加工技术可提高同类果蔬产品的营养、改善风味与口感，填补了国内技术空白，部分产品已达到国际先进水平，为产业提供新的发展空间和效益增长点。

[①] 亩为非法定计量单位，15 亩＝1 公顷。全书同。——编者注

（三）果蔬资源利用趋向合理化、高值化

资源利用合理化符合农村一二三产业融合发展的要求。在果蔬加工过程中往往有大量废弃物产生，如大量的果渣、果皮、果核、种子等副产物，蕴含了宝贵的财富。无废弃开发已成为果蔬加工业的新热点。实现完全清洁生产（无废物生产），可使原料得到综合有效利用。

（四）果蔬加工企业实现智能化、网络化、信息化

多数大、中型加工企业已提前布局转型升级发展，逐步淘汰落后产能设备，加快小型企业兼并整合，推进生产设备自动化、智能化，自建标准化生产基地保障原料安全及供给，有效控制企业运营和原料成本，使整个果蔬生产加工行业的质量和效益有了初步的改善和提高。同时，将网络化和信息化应用在企业品牌建设中，利用电子商务开拓销售渠道，促进内销，以产品质量、地域优势推动外销，打造产业品牌。如在电子商务方面，我国果蔬罐头的年网络销售量在 40 万吨左右，2015 年电子商务呈现井喷式发展，成为果蔬罐头行业经济增长的新引擎，近年来总体趋于平稳。

（五）果蔬产业向着大健康领域融合发展

近年来，我国大健康产业呈现蓬勃发展之势。根据规划，到 2020 年，"健康中国"带来的大健康产业市场规模有望达到 10 万亿元；到 2030 年将超过 16 万亿元，是目前市场规模的 3 倍。果蔬行业也在加快规划布局，向着大健康领域融合发展。食用菌产业作为大健康产业新的抓手，得到社会各界的广泛认可。汇源集团在云南曲靖投资 60 亿元建设食用菌全产业链田园综合体项目，发展野生菌初加工和深加工，以菌养生，以菌养身，以菌养神，倡导食用菌养生健康生活。中国杏鲍菇的最大供应商绿宝集团与国企投资集团携手成立健康产业基金，全面布局、进军大健康产业，上市了福禄仙颗粒、康益宝胶囊、素然片、胶原精华等 4 款食用菌保健品。广西围绕大健康产业在 2018 年食用菌投资合作推介洽谈会现场签约项目 8 个，总投资 7.5 亿元。江苏金茸食用菌产业园总投资 30 亿元，占地 2 200 亩，侧重发展食用菌有机种植、精深加工及健康产业。江苏淮安引进浙江泛亚150 虫草健康农场项目，总投资 10 亿元，占地 3 000 亩，建设以促进和提升大众健康为最终目的的新型农业田园综合体。山西瑞芝生物科技有限公司投资 10 亿元建设灵芝科技产业园，目标是让中国人像喝牛奶一样喝灵芝。

（六）果蔬干制品、干果和坚果企业总体发展呈上升态势

科技创新支撑产业发展，近年来中国食品科学技术学会休闲食品加工与技术分会每年都在全国不同城市举办休闲食品加工与技术分会年会和产业发展高层论坛，进行重大科技新成果推介及新产品展示，有效推进了行业的快速发展。同时，人们生活水平提高，对营养健康产品需求增多，也助推行业发展。如在中美贸易摩擦不断的情况下，脱水蔬菜主要产品产量合计 114 万吨，比 2017 年增长 13.3%，其主要原因是人们生活节奏加快，对即食果蔬的需求扩大，产品内销增加，中国近 14 亿人，内销潜力巨大。干果制品主要产品

产量合计 15.1 万吨，同比增长 2.9％；炒货食品及坚果制品主要产品产量合计 43.2 万吨，同比增长 1％；冻干水果主要产品产量合计 2.4 万吨，同比降低 5.8％；果蔬脆片主要产品产量合计 11.2 万吨，同比增长 110.7％，发展势头强劲。

三、重要政策及热点事件

（一）重要政策

1. 果蔬加工业发展迎来大好时机　根据 2019 年中央 1 号文件要求，为了打赢脱贫攻坚战、增加农民收入，要以实施乡村振兴战略为总抓手，突出农业供给侧结构性改革主线，围绕硬任务抓落实。为此，要调整优化农业结构、发展乡村特色产业、促进农村一二三产业融合发展，保障人们对美好生活的需要和发展壮大乡村产业、拓宽农民增收渠道。近年来，我国水果和蔬菜产量持续增长，2018 年果蔬总产量超 11 亿吨，而加工利用率仅为 20％～30％。鉴于 2019 年中央 1 号文件精神和果蔬产业现状，大力发展果蔬加工业可作为实现乡村振兴的有力抓手。

2. 果蔬加工业食品安全标准持续更新　针对食品添加剂超标滥用和微生物超标等果脯蜜饯食品面临的问题，2018 年 5 月农业农村部组织制定了国家农业行业标准 NY/T 436—2018《绿色食品　蜜饯》以更新代替落后的 NY/T 436—2000《绿色食品　果脯》，增加了部分甜味剂、色素和真菌毒素项目及限量，优化了部分项目的限量值，该标准于 2018 年 9 月开始实施。2017 年底 GB 8956—2016《食品安全国家标准　蜜饯生产卫生规范》代替 GB 8956—2003《蜜饯企业良好生产规范》，重点规范了蜜饯加工过程的微生物监控程序。系列标准的制定和实施对进一步提高蜜饯果脯的质量和卫生标准、规范行业的健康发展起到良好的监管和指导作用。

据不完全统计，我国现行食用菌国家食品安全标准 1 项、国家标准 39 项、行业标准 110 余项，地方标准 200 余项。但与当前已经形成规模的 30 多个食用菌主要品种、工厂化与装备设施快速进步以及流通形态多样化相比，现有的标准体系及应用情况已经捉襟见肘，现有体系迫切需要翻新补漏。2019 年 6 月，中国食用菌协会发布的《金针菇工厂化生产技术规程》团体标准填补了食用菌行业现有空白。国际标准、团体标准、国际商务标准的制定和实施，在标准的空白环节完成了立标立杆，为食用菌产业发展保驾护航。

3. 国家减税减负政策为果蔬加工行业发展带来利好　近年来，国家出台一系列为实体企业减税减负政策，如提高出口退税率、增值税改革等，支持实体企业，鼓励出口，为行业发展带来利好。税收政策属于国民经济领域中的宏观性调控手段，我国针对食用菌产业等农产品加工业的特点与发展现状制定了一系列财政税收政策，有效提升了加工产业的生产能力与增值能力，同时优化了加工产业的区域布局、产品结构。果蔬加工业总体利润偏低，税负问题往往给企业带来负担，严重制约行业发展。一系列利好政策的出台，必将带动行业健康向上发展。

4. 食用菌产业精准扶贫成效显著　2017 年中央 1 号文件将食用菌产业列为提倡大力发展的优势特色产业之一，各地不约而同地抓住了食用菌生产"短、平、快"的特点，将其当作优势特色的典型大力推广。中国乡镇企业协会食用菌产业分会对全国 592 个贫困县（市、区）产业扶贫情况的调研显示，420 个贫困县（市、区）开展了食用菌产业扶贫，占所有调查县（市、区）的 71%。其中，贵州省剑河县利用冬闲田大范围推广种植食用菌助农增收，带动了 1 万余户贫困户、4 万余人增收致富；广西壮族自治区龙州县食用菌产业直接带动 2 788 户农村贫困户脱贫，新增 800 个就业岗位，辐射带动 3 600 名农民脱贫；河南省卢氏县建成食用菌培训就业基地 44 个、产业扶贫基地 351 个、扶贫增收大棚 3 000 个，带动贫困群众 8 250 户，户均增收 1.8 万元以上；湖北省十堰市郧阳区在 20 个乡镇建设香菇制棒车间 28 个、菌棚 5 万多个，发展香菇 3 500 万棒，带动 4 万多贫困人口脱贫致富奔小康。

5. "一带一路"有助于提升食用菌产业国际竞争力　受益于"一带一路"建设，2018 年我国共出口食（药）用菌产品 70.3 万吨（干鲜混计），出口金额达 44.5 亿美元，出口数量和金额同比分别增长 11.5% 和 15.9%。其中干香菇、干木耳、小白蘑菇罐头、其他制作或保藏的蘑菇及块菌和其他蘑菇罐头出口金额均超过 1 亿美元。"一带一路"是促进共同发展、实现共同繁荣的合作共赢之路，是增进理解信任、加强全方位交流的和平友谊之路。要利用"一带一路"倡议契机，进一步强化我国与沿线各国的经济技术交流，优化食用菌贸易结构，实现资源互补、技术互通和经贸互惠；进一步提升我国食用菌产业国际竞争力，丰富食用菌贸易品种，巩固食用菌贸易伙伴关系，扩大我国食用菌国际市场占有率。

（二）热点事件

1. 鲜切果蔬安全事件：美国暴发大肠杆菌 O157∶H7 感染生菜致病致死事件　2018 年 5 月，美国多地暴发大肠杆菌 O157∶H7 感染生菜致病致死事件。美国疾病控制防疫中心（CDC）紧急宣布被大肠杆菌污染的生菜已经导致加州 1 人死亡。调查表明，与暴发有关的生菜来自加利福尼亚州夏季生长生菜的地区，暴发可能与从这些地区收获的"季末"生菜有关。涉及区域包括加州中部和北部的中央海岸种植区。通过实验室研究发现，导致此次暴发的大肠杆菌 O157∶H7 菌株与 2017 年秋季大肠杆菌 O157∶H7 暴发的菌株类似。

美国食品药品监督管理局（FDA）要求撤回和销毁市场上的所有生菜，包括餐馆和其他商业机构。美国生菜行业同意遵守 FDA 关于当天在市场上撤回任何生菜的要求，尽可能从零售企业中去除可能受污染的生菜。同时敦促种植者、加工商、分销商和零售商明确而醒目地标记所有单独包装的长叶莴苣产品，以确定长叶莴苣的生长区域和收获日期；当生长区域不可能由生菜供应商标记包装时，须在销售点明确且突出地标记。

2. 中美贸易摩擦极大影响果蔬制品出口　中美贸易摩擦中，美国对我国浓缩苹果汁征收的关税由 0 提高至 25%（25% 关税是 2019 年 5 月实施的，以下为 5 月以前出口情况，当时关税是 10%），极大降低了我国产品国际竞争力。2019 年 1~3 月，我国浓缩苹果汁出口 4.6 万吨，出口额 5 727 美元，同比分别下降 73% 和 68%。其中，我国对美国出口量 2 990 吨，出口额 377 万美元，同比均下降 96%。其他竞争国抢占美国市场，2018/2019 产季，波兰向美国出口浓缩苹果汁约 20 万吨，夺去我国对美国约 10 万吨市场份额。

3. 腌制蔬菜相关产业大会隆重召开 2018 年 3 月 17～19 日，首届中国（华容）芥菜大会在湖南华容举行，来自全国各地的专家学者和企业代表汇聚一堂，共谋芥菜产业发展。华容县是全国最大的芥菜生产区，2018 年芥菜生产面积达 20 万亩，年产量超过 100 万吨，芥菜加工转化率达 85%，商品率达 95%。为引导产业有序发展，华容县政府编制了《华容芥菜标准化基地建设规划》《华容芥菜规范化栽培技术标准》《华容芥菜腌制加工技术标准》和《华容芥菜地理标志证明商标管理使用办法》，以规范芥菜基地建设、栽培技术、腌制技术、商标使用办法。

2018 年 10 月 27 日，第二届中国泡菜学会研讨会在眉山市隆重召开，来自全国高校和科研院所及泡菜业的知名专家学者就传统发酵食品的现代化、泡菜微生物、泡菜营养健康、泡菜安全性、泡菜生产工艺技术等问题进行了交流。科技创新是眉山市泡菜产业发展的核心动力，也让泡菜生产从作坊式向规模化、现代化转变，引领了绿色康养泡菜的潮流，促进了眉山市泡菜产业质的飞跃。2018 年四川泡菜销售收入达 180 亿元，市场潜力巨大。

2019 年 1 月 8 日首届中国重庆·涪陵榨菜产业博览会开幕。涪陵拥有"涪陵榨菜""Fuling Zhacai""涪陵青菜头"3 件地理标志证明商标，现有榨菜生产企业 37 家，其中龙头企业 24 家，涪陵榨菜集团是全国酱腌菜行业首家上市企业，年成品榨菜产能 60 万吨以上。2018 年，涪陵榨菜原料基地面积 72.6 万亩，总产量达 160 万吨，外运鲜销青菜头 53.6 万吨，产销成品榨菜 48 万吨，榨菜产业总产值达 102 亿元，产业利税 20 亿元。"涪陵榨菜"品牌价值达 147.3 亿元，"涪陵青菜头"品牌价值达 24.4 亿元。我国茎瘤芥种植及榨菜加工区域主要分布在沿长江、环鄱阳湖、环洞庭湖流域的重庆、浙江、四川、湖南、湖北、安徽、江苏、江西等省（直辖市），尤其是重庆、浙江、四川三地的种植和加工规模较大。2017 年，此三地种植茎瘤芥共计 225 万亩，收获青菜头 460 余万吨，分别占全国的 75% 和 79.3%。

四、面临的主要问题与挑战

（一）果蔬制品安全隐患较为突出

果脯蜜饯类产品。行业内许多小型加工企业生产的果脯蜜饯及部分超市售卖的散装产品仍存在二氧化硫、甜蜜素、糖精钠、色素等添加剂超标及非法添加，卫生指标超标等问题。如 2018 年北京、广东、福建、四川、甘肃等地食药监局通过抽查部分果脯蜜饯类产品，发现仍有相关企业生产的果脯蜜饯类产品存在超范围使用人工色素等食品添加剂，微生物及重金属等污染物严重超标等问题。

蔬菜类制品。我国现行的蔬菜经营模式存在较大的食品安全隐患。国内蔬菜目前主要由农户分散种植生产，而加工企业通常需要从市场上采购原料，使得加工企业难以从源头上对蔬菜品质进行有效控制。我国蔬菜种植地受到周边污染情况比较严重，普遍存在不合理施肥以及不合理使用农药的情况，蔬菜原料中的农药、重金属、硝酸盐、亚硝酸盐等有毒有害物质的含量相对较高，蔬菜在流通中保存不当以及受到二次污染问题也比较突出。

与韩国及欧美发达国家蔬菜的无公害、标准化、产销一体化种植以及尖端物流系统和流通设备等方面相比，存在明显差距。

随着人民生活水平的提高，人们对食品安全更加关注。农业农村部开展的国家农产品质量安全例行监测（风险监测）结果显示，2018 年及 2019 年第一季度食用菌合格率分别为 99%、99.7%，抽检合格率整体较高，质量安全水平持续向好。当前食用菌产品的安全、营养、保健形象在消费者中有较高的认可度，但食用菌产品质量还存在一些问题。2018 年出现的"木耳打农药"视频、"蘑菇还是少吃一点吧"博文等事件，引起不少消费者的恐慌，成为食用菌行业为数不多的现象级事件，食用菌加工企业需提高对食品安全问题的重视程度。

（二）以中、小规模为主的果蔬加工企业受多重因素影响难以做大做强

果蔬加工企业 90% 左右为中、小型企业，加工装备和技术相对落后，普遍存在对科技投入不够重视、企业创新能力弱、产品技术含量低、产品附加值低、缺少核心竞争力等问题。从产品看，中、小型企业存在粗加工产品多、高附加值产品少，中低档产品多、高档产品少，劣质产品多、优质产品少，老产品多、新产品少等弊端，尤其是特色资源的加工程度很低，远不能满足市场需求。果品与蔬菜加工转化能力仅分别为 6% 和 10% 左右。

果脯蜜饯等传统加工制品加工工艺复杂，生产周期较长，多数生产企业产品质量意识淡薄，缺乏质量控制管理。同时各企业生产条件参差不齐，存在工艺操作不规范、标准化工艺水平低、生产条件控制不严格、质量检测设备投入不足、生产设备简陋低效、自动化程度低等问题，无法支撑企业做大做强。

蔬菜加工企业多以生产初加工品为主，产品附加值低。如江苏兴化 80% 的脱水蔬菜企业仅能生产初加工品 AD 脱水蔬菜干，结构单一。蔬菜加工企业中从事调味品和粉体产品开发的企业较少，从事新型冻干食品和冷速冻食品开发的企业更寥寥无几。企业终端产品极少，市场竞争力弱，利润微薄。同时，企业产品质量管理体系不完善，真正能按照 HACCP 质量体系管控的企业有限。

食用菌加工企业亏损仍较高，行业利润大幅下滑。食用菌原材料价格、融资成本、用工成本等都在高位运行，以及食用菌工厂化栽培产能的不断释放使生产成本不断上升，而食用菌销售价格下滑，从而导致行业利润严重下滑。部分企业工艺落后、规模小、抗市场风险能力弱，加上生产成本居高不下、产品技术研发创新不足、资金和人才严重短缺，导致食用菌加工企业亏损较高，转型升级难度大。2018 年食用菌加工企业亏损额达 1.1 亿元，同比增长 20%；在主营业务收入增长 14.3% 的情况下，利润总额却同比下降 4.2%。

（三）原料综合利用率总体不高

果蔬加工企业对原料废弃物的开发利用程度普遍不高，而丢弃的加工废料如不快速处理，会导致环境污染，进而提高企业环保成本。若企业能利用科技手段提高原料综合利用率，一方面能够进一步降低生产成本，减少原料浪费，另一方面也有利于节能环保。目前行业对原料综合利用已有所重视，如罐头加工企业将柑橘罐头生产中产生的废料柑橘皮作

为原料，生产果胶、香精油、陈皮等产品，将芦笋罐头生产中产生的芦笋皮等用来生产芦笋汁饮料、芦笋酵素，均取得了不错的成果和市场效益。但总体来看，目前行业废弃物利用率仍不高，主要原因是科技支撑力度不足。

（四）行业环保压力增大，企业运营成本高

2018 年我国环保督查处于全面高压状态，而行业内许多中、小型企业多年来对于环保问题不重视，很多企业环保装备设施严重不足。相当数量的小型蜜饯加工企业短期内无力负担在环保方面的巨大资金投入，被迫选择限产或停产。同时，大部分耗能耗水较多的蜜饯产品生产成本增加，严重压缩了企业的利润空间。

（五）生鲜农产品电子商务市场竞争日益激烈

果蔬生鲜农产品电子商务领域的竞争愈发激烈，生鲜电子商务企业在探索最优商务模式过程中不断提高管理水平，创新管理方式，依托自身优势选择合适的模式，形成百家争鸣、各有特色的差异化发展。同时由于资本的大量注入，生鲜电子商务企业经历了一轮轮投资，腾讯、阿里巴巴等大企业和其他投资机构纷纷投入大量资金，以投资、入股、并购等方式发展和扶持各类生鲜电子商务企业。资本带来大量的现金流和资源，加剧了果蔬生鲜农产品电子商务领域的竞争。

（六）受技术性贸易壁垒、高关税等制约，国际市场开拓困难

近年来，我国罐头产品年出口量基本徘徊在 300 万吨左右，约占总产量的 1/4。很多出口罐头品种，如番茄酱、鲭鱼、芦笋、柑橘罐头等在国际贸易中占据主要位置，在国际市场上具有质量好、价格低、占比大等特点。但我国出口产品在国际贸易中频繁遭遇技术性贸易壁垒、反倾销及被主要市场国征收高额关税等。如我国鲭鱼罐头出口南美、果蔬类罐头出口美国过程中，均遇到技术性贸易壁垒问题；我国出口欧盟地区的柑橘罐头产品自 2008 年起便遭遇反倾销仲裁，被征收高额关税；美国自 1998 年起便对我国出口蘑菇罐头征收高额反倾销关税等。目前我国罐头产品虽然占据国际市场较大份额，但由于关税等，利润极低，原有的价格优势不在。另外，如产品遭遇技术性贸易壁垒，产品退柜，企业有可能遭受巨大损失，长此以往原本占有的市场极有可能被他国企业占据。

（七）果蔬加工原料品质落后严重制约行业发展

果蔬加工原料的品种、品质直接影响着果蔬类罐头产品的品质。由于农产品品种改良需要投入大量的人力、物力、财力，且需要的时间周期较长，品种改良困难重重。以国内黄桃为例，我国国产桃罐头产品品质不如国外，国际竞争力弱，主要原因就是目前我国黄桃罐头加工所使用的桃原料与南非、希腊等国相比，品种落后、品质相差较大。随着近年来果蔬罐头加工对原料需求增加，在全国各地扶贫工作指导下，部分果蔬品种种植面积有所增加，但并非所有新增面积均为优良原料品种面积。建议在面积增加的同时推广优良品种的种植，保障优质原料的供给，进一步提升我国罐头产品品质，增强我国罐头产品在国际市场的竞争力。

第五章 / 茶产业发展情况

　　2018年，来自江苏、浙江等17个省（自治区、直辖市）的787家精制茶加工企业（年主营业务收入500万元以上）参与了本次调查，并基于其中545家规模以上精制茶加工企业填报的信息进行分析。从区域分布看，参与调查的规模以上精制茶加工企业主要来自湖南、江西、安徽、黑龙江等16个省（自治区、直辖市）。其中东部地区（江苏、浙江、山东、广东、福建）企业占28.1%，中部（江西、安徽、河南、湖南、湖北）企业占42.2%，西部（广西、贵州、重庆、云南、陕西）企业占29.5%，东北地区1家。从企业规模看，以中、小型企业为主，中、小型企业数量占比达94.8%。从企业登记类型看，有限责任公司、私营企业和股份有限公司共占比91.9%，港澳台商投资企业和外商投资企业仅占0.8%。

　　本章通过对规模以上精制茶加工企业的生产状况、市场营销、原料基地、质量安全与品牌建设、科技创新及国际化经营等各方面情况分析，较准确地反映了2018年全国精制茶加工业运行情况。总体来看，2018年，精制茶加工业总体延续稳中向好的发展态势。企业生产规模比2017年同期扩大；主营业务收入和利润不断增长；产能利用率提高；固定资产投资总额增速加快；开展电子商务的企业数量持续增加；茶叶品质和质量安全保持较高水平，品牌建设加快，企业研发实力增强；茶叶出口量价齐增，出口量和出口额均创历史新高，国际化经营水平提高；龙头企业就业带动效果显著增强，精制茶加工业运行质量、效益整体提高。

一、样本企业运行情况

（一）总体经济效益向好

　　2018年，参与本次调查的规模以上精制茶加工企业生产规模比2017年同期扩大，收入和利润不断提升，运行质量、效益提高。2018年，参与本次调查的规模以上精制茶加工企业生产精制茶78.4万吨，同比增长0.9%；平均每家企业完成主营业务收入0.9亿元，同比增长3.6%。2018年，由于精制茶加工主要原料大宗毛茶增产增量，平均价格较2017年有所下降，精制茶加工原料总体成本略降，企业利润有所增长。平均每家企业实现利润883.5万元，同比增长6.4%；主营业务收入利润率为9.6%，比2017年上升0.3个百分点。

分规模看，中、小型企业主营业务收入和利润均实现增长；大型企业主营业务收入增长，利润下降；微型企业主营业务收入下降，利润增长（图 5-1）。小型企业主营业务收入增长最快，同比增长 4.8%；大、中型企业主营业务收入同比分别增长 4.4% 和 0.8%，微型企业主营业务收入同比下降 2.7%。微型企业利润总额增长最快，同比增长 10.3%；中、小型企业利润总额同比分别增长 2.1% 和 8.4%，大型企业利润总额同比下降 5.6%。

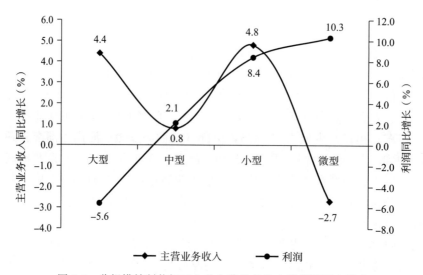

图 5-1　分规模精制茶加工企业主营业务收入及利润同比增速

分区域看，中部地区企业平均利润总额增长较快，同比增长 9.7%；其次为西部地区，同比增长 5.1%；东部地区同比增长 3.1%。东部地区平均利润总额增长较快的为福建，同比增长 10.8%；中部地区平均利润总额增长较快的为安徽，同比增长 8.1%；西部地区平均利润总额增长较快的为贵州，同比增长 17.8%。参与本次调查的东、中、西部地区规模以上精制茶加工企业主营业务收入利润率分别为 8.9%、7.9% 和 14.1%，中、西部地区比 2017 年分别上升 0.4 和 0.2 个百分点。

（二）就业带动情况

1. 从业人员数量呈现中、东部增长，西部下降的特点　2018 年，精制茶加工业规模不断扩大，产业回暖，生产人员、技术人员数量增长较快，带动就业增长效果显著。2018 年，参与本次调查的规模以上精制茶加工企业员工平均人数为 218 人，比 2017 年增加 2 人。精制茶加工企业员工人数在 51～90 人的企业占比最高，占 21.7%；其次是人数为 91～150 人的企业，占 19.3%（图 5-2）。分规模看，大型企业员工人数增长最快，同比增长 19.6%；中、小和微型企业员工人数同比分别增长 0.1%、0.1% 和 0.3%（表 5-1）。按区域分，东、中部地区员工人数同比分别增长 2.5% 和 2.4%，西部地区员工人数同比下降 2.9%。

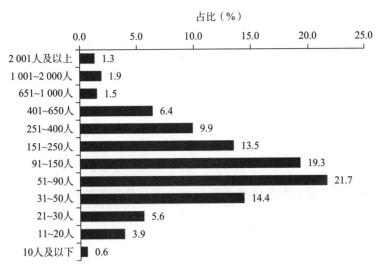

图 5-2　精制茶加工企业员工人数规模分布

表 5-1　分规模精制茶加工企业从业人员数量同比增速

单位:%

规模	从业人员	生产人员	技术人员
大型	19.6	−4.7	8.5
中型	0.1	0.4	6.0
小型	0.1	0.5	11.4
微型	0.3	4.9	−3.3

2. 技术人员数量增长较快，从业人员素质提升　近年来，茶叶消费逐渐向方便、保健方向发展，企业对茶叶的综合利用及深加工等技术创新需求更加迫切，技术人员数量整体增长较快。2018 年，平均每家精制茶加工企业拥有技术人员 11 人，同比增长 9.5%，但每家企业技术人员数量总体仍偏少，有近八成企业技术人员在 10 人及以下。小型企业技术人员数量增长最快，同比增长 11.4%；大、中型企业技术人员数量同比分别增长 8.5% 和 6%，而微型企业技术人员数量同比下降 3.3%。按区域分，中部地区技术人员数量增长快于东、西部地区，同比增长 11.4%。东、西部地区技术人员数量同比分别增长 8.9% 和 6.8%。

生产人员数量增速地区差异显著。2018 年，平均每家企业拥有生产人员 96 人，较 2017 年略有增长，增长幅度为 0.3%。按区域分，东、中部地区生产人员数量同比分别增长 1% 和 2.8%，西部地区生产人员数量同比下降 3.4%。其中，中部的江西和西部的贵州同比分别增长 7% 和 8.3%。

3. 员工工资总额及人均工资均上升　随着企业主营业务收入和利润上升，精制茶加工企业员工工资增长较快，工资增幅超过利润增幅，行业劳动力成本呈持续增长态势。2018 年，参与本次调查的规模以上精制茶加工企业从业人员工资同比增长 13.9%；人均工资 2.3 万元，同比增长 8.6%。

微型企业工资水平较高。微型企业人均工资为 5.1 万元，与 2017 年持平；大型企业人均工资为 3.9 万元，同比增长 25.8%；小型企业人均工资为 3.3 万元，同比增长 6.5%；中型企业人均工资 1.4 万元，与 2017 年持平。

各地区企业人均工资均有所增长。其中，东部地区工资水平最高，为 2.7 万元，且增长最快，同比增长 22.7%；其次为中部地区，人均工资为 2.3 万元，同比增长 4.5%；西部地区人均工资为 1.9 万元，同比增长 5.6%。

（三）产能利用情况

1. 精制茶加工业产能利用率略有上升　2018 年，参与本次调查的规模以上精制茶加工企业产能利用率平均值为 31.3% 左右，较 2017 年上升 0.2 个百分点（中位数为 23.6%，较 2017 年上升 1 个百分点）。在精制茶加工业中，企业规模是影响产能利用率的关键因素。大型企业产能利用率最高，为 58.3%（表 5-2）。

表 5-2　分规模精制茶加工企业产能利用率

单位：%

规模	产能利用率平均值		产能利用率中位数	
	2017 年	2018 年	2017 年	2018 年
大型	47.9	58.3	47.6	54.6
中型	28.0	27.7	17.4	18.1
小型	32.0	32.1	25.0	26.2
微型	22.7	26.1	14.1	17.1

2. 开工率整体水平较低　由于茶叶生产有较强的季节性特点，2018 年参与本次调查的规模以上精制茶加工企业平均生产天数 216 天（生产天数的中位数 223 天），较 2017 年略有增加，平均生产天数占全年天数（满负荷天数约为 333 天）的 64.9%，较 2017 年上升 0.8 个百分点。

分规模看，大型企业主要通过原料或半成品收购贮存，企业仓库备货足，可有计划进行加工，因此开工率最高，为 85.0%；中、小型企业开工率分别为 61.1% 和 66.2%；微型企业主要为季节性加工或原料茶代加工，企业开工率最低，仅 49.8%（图 5-3）。

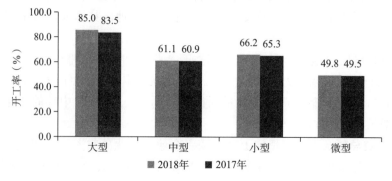

图 5-3　分规模精制茶加工企业开工率

（四）固定资产投资额增长较快

2018 年，参与本次调查的规模以上精制茶加工企业的固定资产投资总额同比增长 8.5%，当年新增固定资产投资总额同比增长 19.9%。分区域看，中部地区企业固定资产投资额增速最快，为 12.4%；其次为东部地区，同比增长 9.1%；西部地区企业固定资产投资额同比增长 2.7%。

分规模看，大型企业固定资产投资额增长最快，同比增长 87.2%；其次为中型企业，同比增长 7.8%；小型企业同比增长 6.5%，微型企业同比下降 6.3%。

分登记类型看，股份有限公司固定资产投资额增速高于其他类型企业，同比增长 14.9%；其次为有限责任公司，同比增长 9.3%（图 5-4）。

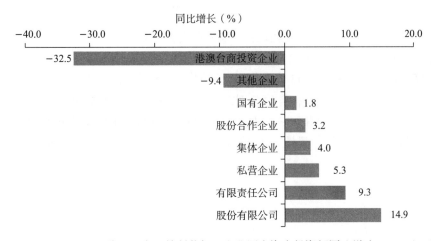

图 5-4　分登记类型精制茶加工企业固定资产投资额同比增速

（五）原料采购情况

1. 茶叶原料总体产量保持稳定增长，质量稳中有升　2018 年，全国大部分茶区的天气状况呈现早春晴暖、中期低温、后期增温快的特点，开采时间整体较 2017 年同期提前 5～12 天，高档毛茶产量略增，质量总体好于 2017 年，均价略高于 2017 年，名优茶产量出现回升；2018 年夏秋，特别是秋季雨水充沛，适宜茶树生长，大宗茶产量增加。中、西部地区湖北、贵州、四川等省主要茶区新投产茶园面积仍持续增长，全国原料茶总产量仍保持稳定增长，干毛茶总产量接近 260 万吨，较 2017 年增长 5%～8%。

2. 精制茶加工业多数企业建有原料基地　精制茶加工企业原料基地分自建生产基地、订单生产基地两类，至少有其中一类基地的企业占比为 92.3%，有自建生产基地的企业比例高。拥有原料基地的企业比例高于全国行业整体水平，是农产品加工业基地建设比例较高的行业。其中，仅有自建生产基地的企业占 27.7%，仅有订单生产基地的企业占 3.3%，既有自建生产基地又有订单生产基地的企业占 61.3%。大、中、小、微型企业自建生产基地占比分别高于订单生产基地占比 25.0、20.2、24.5、37.5 个百分点（图 5-5）。其中，中型企业平均每家有 1.7 个基地，高于其他规模企业平均基地数。

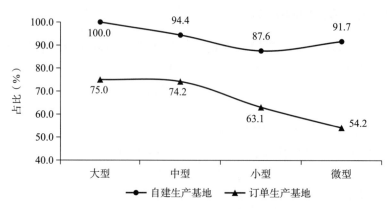

图 5-5　分规模精制茶加工企业自建和订单生产基地占比

3. 大、中型企业基地原料采购值占比均超过四成　2018 年，参与本次调查的规模以上精制茶加工企业，自建和订单生产基地采购主要原料金额占主要农产品采购值的 36.4％，其中自建生产基地和订单生产基地采购值分别占比 18.4％和 18％。从不同规模精制茶加工企业两类基地采购值占比看，大、中、小、微型企业分别为 42.2％、54.4％、31.3％和 7.9％（图 5-6）。大、中型企业基地原料采购值占比较高，两类规模企业均超过四成，自建生产基地采购值显著高于订单生产基地，更有利于控制原料质量。

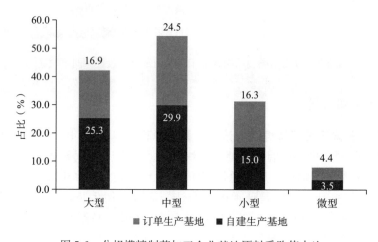

图 5-6　分规模精制茶加工企业基地原料采购值占比

（六）电子商务开展情况

1. 企业开展电子商务比例较高　物联网电子商务模式已被精制茶加工企业广泛采纳，电子商务已成为茶类产品主要流通方式之一。2018 年，参与本次调查的规模以上精制茶加工企业中，开展电子商务的占比 67.2％，远远高于农产品加工业整体水平。其中，规模以上大型企业开展电子商务的比例高达 100％。行业在电子商务建设方面位于农产品加工业中较高水平。园区内企业和有自建或订单生产基地企业开展电子商务的比例较高，为77.4%；非园区内企业开展电子商务的比例为63.7%。分规模看，企业规模越大，开展电子商务的比例越高。大、中、小、微型企业开展电子商务的比例分别为100%、84.3%、63.8%和58.3%。原料基地建设与电子商务开展相关度高，有自建或订单生产基地企业开展电子商务的比例为64.8%。其中，开展电子商务的企业中有自建生产基地的比例最高，为94.5%；有订单生产基地的占75.7%。

　　分区域看，中部地区有自建或订单生产基地的企业开展电子商务比例均较高，其次是西部地区（图5-7）。东部地区有自建或订单生产基地的企业开展电子商务比例最高省份为福建，占比分别达82.4%和47.1%，最低为江苏，分别占47.6%和28.6%；中部地区比例最高省份为安徽，占比分别达79.2%和75.5%，最低为湖南，分别占53.4%和46.6%；西部地区比例最高省份为陕西，占比分别达74%和64%，最低为重庆，其电子商务交易占比均为33.3%。

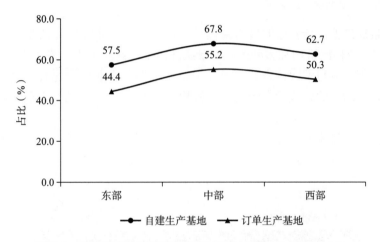

图5-7　分区域建有基地的精制茶加工企业开展电子商务占比

2. 电子商务销售收入比例持续上升　2018年，参与本次调查的规模以上精制茶加工企业中，平均每家企业电子商务销售收入675.4万元，占主营业务收入的7.4%，同比上升1.2个百分点。此外，据阿里巴巴线上农产品交易数据统计，以县域为单位，2018阿里农产品电商十强县中，盛产安溪铁观音的福建省安溪县排名第一，同时盛产武夷岩茶和武夷红茶的福建省武夷山市、盛产福鼎白茶的福建省福鼎市和盛产蒲江雀舌的四川省蒲江县列入电商十强县。在阿里巴巴线上平台卖茶，成为县域经济重要来源。目前，占据茶叶消费线上第一市场的天猫平台的统计数据显示，整个茶行业呈现快速发展态势，有近2 000家茶叶旗舰店，其中销售额过亿、过千万的逾百家。

　　分规模看，大、中、微型企业电子商务销售收入占比较2017年均有所增加（图5-8）。中型企业电子商务销售收入占比上升最快，同比上升2.3个百分点；大、微型企业电子商务销售收入占比同比分别上升0.1和0.6个百分点，小型企业与2017年持平。

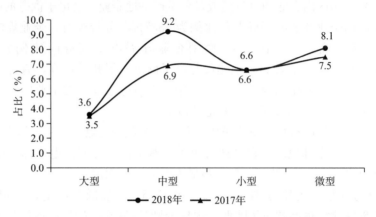

图 5-8　分规模精制茶加工企业电子商务销售收入占比

（七）质量管理体系建设情况

1. 精制茶加工业质量安全制度日益健全　精制茶加工企业产品质量安全管理制度日益健全，拥有专业检测机构和多种产品质量认证体系，保证了我国茶叶品质和安全处于较好水平。2018 年，参与本次调查的规模以上精制茶加工企业中，建有产品质量管理制度的占 87.2%，63.9% 的企业设有专门质检机构。其中，有 30% 的企业质检机构通过计量认证。

分区域看，东部地区企业中建有产品质量管理制度、专门质检机构和通过计量认证的质检机构的比例分别为 88.2%、88.3% 和 84.5%，比例均高于中、西部地区企业（图 5-9）。

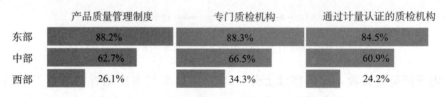

图 5-9　分区域精制茶加工企业质量管理建设情况

分规模看，大型企业产品质量管理制度和专门质检机构建设显著优于其他规模企业，比例均为 100%，分别高出小型企业 15 和 37.6 个百分点（图 5-10）。

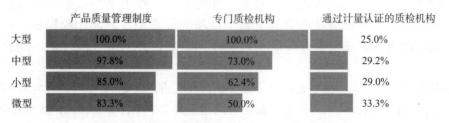

图 5-10　分规模精制茶加工企业质量管理建设情况

2. 通过 ISO 系列认证及质量体系认证的企业占比上升 2018 年，参与本次调查的规模以上精制茶加工企业中，通过 ISO 9000 系列认证的占比 45.9%，通过 ISO 14000 系列认证的占比 11.0%，通过 ISO 22000 系列认证的占比 20.2%，通过 HACCP 质量体系认证的占比 24.2%，通过 GMP 质量体系认证的占比 9.0%（图 5-11）。企业通过采用 ISO 9000 系列等标准在企业内部建立品质管理体系，加强了品质管理，为我国的精制茶加工产品提供了质量保障。

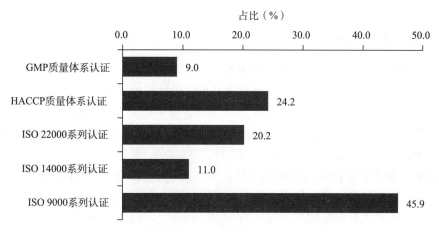

图 5-11 精制茶加工企业通过各类认证的占比

精制茶加工企业规模越大，各类认证比例越高。企业通过 ISO 等各类认证的平均数量随企业规模扩大而增加，且不同规模企业之间各类认证通过比例有较大差异。平均每个大型企业通过 ISO 9000 系列认证、ISO 22000 系列认证以及 HACCP 质量体系认证等的数量为 3.5 个，远高于其他规模企业。

3. 精制茶加工业"三品一标"认证发展态势良好 随着有机农产品、绿色食品、无公害农产品市场认可度提升，精制茶加工企业"三品一标"认证率稳步增长。2018 年，参与本次调查的规模以上精制茶加工企业中，获得"三品"认证的占 79.3%。其中，获得有机农产品认证企业占比 41.7%，获得绿色食品认证企业占比 21.1%，获得无公害农产品认证企业占比 16.5%。34.3%的企业获得中国地理标志产品认证。

分规模看，大型企业获得"三品"认证的占比 100%，高于其他规模企业；中、小型企业获得"三品"认证的占比分别为 91%和 78.5%。

（八）品牌建设趋好

2018 年，参与本次调查的规模以上精制茶加工企业中，获得省级以上名牌产品或驰名商标等品牌认证的占 45.5%。其中，获得中国名牌产品证书企业占 26.8%，获得中国驰名商标企业占 27.7%。分规模看，大型企业品牌建设成效均高于其他规模企业，获得中国名牌产品证书、中国驰名商标和省级名牌产品或驰名商标的比例分别为 50%、75%和 100%（图 5-12）。

图 5-12　分规模精制茶加工企业品牌建设情况

（九）科技进步与创新

1. 精制茶加工企业普遍注重提升研发实力　2018 年，参与本次调查的规模以上精制茶加工企业中，45.3％的精制茶加工企业建有专门研发机构。其中，建有省级及以上研发中心的占 21.9％。分规模看，大、中、小、微型企业中建有研发机构占比分别为 100％、61.8％、42.5％和 25％。规模越大的企业，研发机构建设实力越强，大、中、小、微型企业建有省级及以上研发中心占比分别为 50％、15.7％、8.6％、4.2％。

2. 精制茶加工企业技术人员规模同比扩大　分规模看，除微型企业外，大、中和小型精制茶加工企业技术人员数量占比均有提升，分别上升 0.1、0.1 和 0.9 个百分点。大、中型企业平均技术人员数量较多，分别为 51 人和 19 人，较 2017 年分别增加 4 人和 1 人；小型企业平均技术人员数量为 9 人，同比增加 1 人（表 5-3）。

表 5-3　分规模精制茶加工企业技术人员情况

规模	技术人员数量占比（％）		平均技术人员数量（人）	
	2018 年	2017 年	2018 年	2017 年
大型	0.7	0.6	51	47
中型	2.4	2.3	19	18
小型	8.8	7.9	9	8
微型	20.8	21.6	3	3

3. 企业研发投入强度小幅上升　2018 年，参与本次调查的规模以上精制茶加工企业研发投入同比增长 15.3％，研发投入强度为 1.4％，同比上升 0.1 个百分点。分规模看，大型企业平均研发投入经费为 553.9 万元，研发投入强度为 1.1％；中型企业平均研发投入经费为 268.1 万元，研发投入强度为 1.9％；小型企业平均研发投入经费为 97.6 万元，研发投入强度为 1.2％；微型企业平均研发投入经费为 16.3 万元，研发投入强度为 0.3％（图 5-13）。中、微型企业平均研发投入经费和研发投入强度均增加，大型企业平均研发投入经费和研发投入强度均小幅下降；小型企业平均研发投入经费增加，研发投入强度与 2017 年持平。

分登记类型看，集体企业研发投入强度最高，为 2.2％；其次为股份有限公司，为 2.0％；再次为国有企业，为 1.6％；股份合作企业研发投入强度最低，仅为 0.2％（图 5-14）。

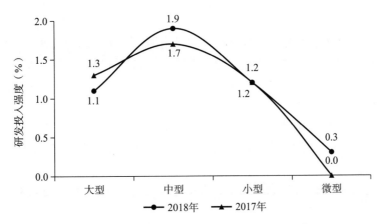

图 5-13 分规模精制茶加工企业研发投入强度

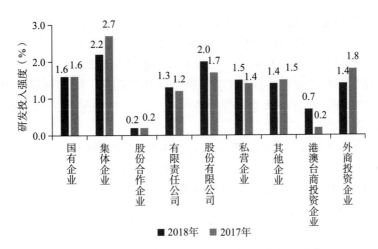

图 5-14 分登记类型精制茶加工企业研发投入强度

（十）国际化经营情况

1. 茶叶出口量价齐增，出口量和出口额均创历史新高 2018 年，精制茶出口形势较好，量价齐增，出口额和单价均较 2017 年同期有明显增长。据海关统计，茶叶出口量为 36.5 万吨，同比增长 2.7%；出口额 17.8 亿美元，同比增长 10.5%。其中，绿茶出口量 30.3 万吨，同比增长 3%，出口额 12.2 亿美元，同比增长 7.9%；乌龙茶出口量 1.9 万吨，同比增长 17.2%；花茶出口量 6 917 吨，同比增长 12.2%。近年来，普洱茶出口量持续下滑，市场前景不乐观，2018 年出口量止跌回升，出口量 2 970 吨，同比增长 9.3%。2018 年，茶叶出口平均价格为 4.87 美元/千克，同比增长 7.6%，创历史新高。绿茶 4.04 美元/千克，同比增长 4.9%；红茶 8.50 美元/千克，同比增长 8.99%；乌龙茶 9.52 美元/千克，同比大幅增长 30.7%；花茶 9.57 美元/千克，同比增长 15.9%。这四种茶出口平均价格上涨，拉动茶叶出口总额大幅增长。

我国茶叶出口市场相对集中，集中于非洲、亚洲地区。主要出口至摩洛哥、乌兹别克斯坦、塞内加尔、俄罗斯、美国、加纳、阿尔及利亚、毛里塔尼亚等国家和地区。2018年，出口至非洲、亚洲市场的茶叶数量已经超过中国出口茶叶总量的九成，且呈现出越来越向非洲地区集中的趋势，对亚洲地区的集中度正在逐步降低。浙江、安徽、湖南持续保持茶叶出口量前三位，占全国出口总量的 72%。中、西部地区江西、河南、重庆等省份出口量增速加快。

2. 利用外资额同比基本持平，对外投资额增加 2018 年，企业实际利用外资额同比增长 0.5%。分规模看，除小型企业利用外资 3 085 万元外，其他规模企业均没有引进外资。

2018 年，企业对外投资总额同比增长 26.7%，主要为小型企业进行对外投资，同比增长 19.2%。

（十一）龙头企业主营业务收入、利润均保持增长

1. 产业化龙头企业主营业务收入增长 2018 年，参与本次调查的规模以上精制茶加工企业中，有 94.9% 的企业为市级及以上龙头企业，国家级龙头企业占 3.3%，省级龙头企业占 51.4%，市级龙头企业占 40.2%，非龙头企业仅占 2.8%。

2018 年，精制茶加工业龙头企业主营业务收入增长明显，同比增长 5.2%；国家级、省级、市级和区县级龙头企业平均主营业务收入分别为 2.9 亿元、1 亿元、0.5 亿元和 0.5 亿元，同比分别增长 9.7%、2.8%、9.5% 和 8.8%。

省级及以上龙头企业平均主营业务收入整体高于其他级别企业。55.7% 的国家级龙头企业主营业务收入在 1.3 亿~16 亿元；77.1% 的省级龙头企业主营业务收入在 5 000 万~6 亿元；市级、区县级和非龙头企业的主营业务收入分布比例结构基本相同，基本上都分布在 2 000 万~3.6 亿元（图 5-15）。

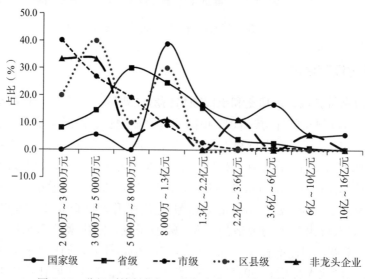

图 5-15　分级别精制茶加工业龙头企业主营业务收入分布

2. 各级别龙头企业利润保持增长态势　2018 年，参与本次调查的规模以上精制茶加工企业利润同比增长 4%，省级及以上龙头企业平均利润超过 1 000 万元，区县级龙头企业平均利润增长较快。国家级、省级、市级和区县级龙头企业平均利润分别为 2 776.7 万元、1 026.5 万元、521.9 万元和 891.5 万元，同比分别增长 8.8%、1.9%、6.9% 和 18%。

省级及以上龙头企业利润整体高于其他级别企业，86.7% 的国家级龙头企业利润总额在 1 000 万~8 000 万元，79.3% 的省级龙头企业利润总额在 200 万~3 000 万元，其他级别企业利润总额主要集中在 0~3 000 万元（图 5-16）。个别国家级和市级龙头企业出现亏损，分别占 6.7% 和 1.4%。

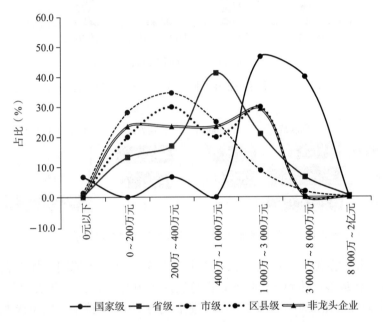

图 5-16　分级别精制茶加工业龙头企业利润总额分布

3. 合同联结或合作联结为带动农户的主要方式　精制茶加工业是农业产业化经营中带动力较强的产业。2018 年，精制茶加工业龙头企业带动农户数量继续增长，各级龙头企业通过合同联结、合作联结、股份合作联结及其他方式带动农户数量 166 万人，同比增长 6.6%。其中，合同联结或合作联结方式为带动农户的主要方式，均占带动农户总数的 43.8%；股份合作联结方式带动农户数量占比最少，为 1.7%（图 5-17）。合作联结方式带动农户数量同比增长 18.6%，在各类带动方式中增幅最大。

从各级龙头企业带动农户方式看，国家级龙头企业通过合作联结方式带动农户比例较高，为 33.1%，其他方式带动农户比例为 38.5%；省级龙头企业通过合同联结带动农户比例最高，为 46.5%；市级龙头企业则主要通过合同联结和股份合作联结方式带动农户，占比分别为 46.8% 和 51.2%（图 5-18）。

4. 龙头企业反馈农户金额不断上升，茶农增收显著　精制茶加工企业反馈农户金额不断上升。2018 年，精制茶加工企业通过合同溢价、合作返利、保底收益、股份分红、土地租金等方式，反馈农户 20.5 亿元，同比增长 11%。

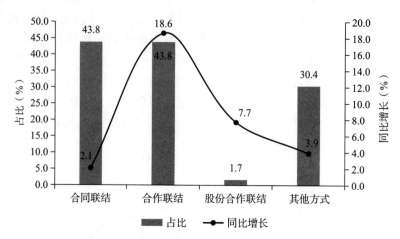

图 5-17　精制茶加工业龙头企业不同方式带动农户数量占比和同比增速

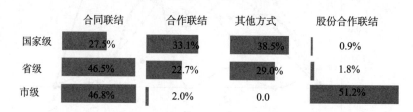

图 5-18　分级别精制茶加工业龙头企业带动农户数量占比

　　合同溢价为精制茶加工企业反馈农户的主要方式。2018 年精制茶加工企业通过合同溢价方式反馈金额最多，达到 9.7 亿元，占总反馈金额的 47.3%；其次为保底收益方式，占 21%；股份分红占比最小，为 3.9%，反馈金额与 2017 年持平。国家级龙头企业以合作返利方式为主，反馈金额占比 33.9%，其次为保底收益方式，占比 29.4%；省级龙头企业以合同溢价方式为主，反馈金额占比 49.9%，其次为保底收益方式，占比 19.9%（图 5-19）。

图 5-19　分级别精制茶加工业龙头企业反馈方式结构比例

　　省级及以上龙头企业反馈农户金额较大。国家级和省级龙头企业，平均每家企业反馈农户金额 1 029 万元和 669.2 万元。其中，国家级龙头企业以合作返利方式反馈金额最高，平均反馈金额 348.5 万元，同比增长 52.6%；省级龙头企业以合同溢价方式反馈金额最高，平均反馈金额 333.9 万元，同比增长 12.5%（表 5-4）。

表 5-4　分级别精制茶加工业龙头企业平均反馈金额

单位：万元

龙头企业级别	合同溢价	合作返利	保底收益	股份分红	土地租金
国家级	228.9	348.5	302.3	50.8	98.5
省级	333.9	109.9	133.4	25.4	66.6
市级	46.7	0	0	0	16.7

二、行业发展趋势特点

当前我国进入经济发展新常态，茶叶产业作为现代农业的重要组成部分、新农村特色支柱产业和重要富民产业，迎来历史发展新时机，步入新的发展阶段。2018 年，精制茶加工业在生产成本持续上涨、市场需求不断升级的双重挑战下，依然展现出蓬勃生机和活力。茶叶生产平稳发展，茶类结构持续优化，优势品牌正在形成，产业融合效果明显，国内市场量价稳增，出口量和出口额再创新高。随着经济的发展，我国茶叶生产和消费将继续保持增长的势头，食品安全和健康意识增强将推动茶叶的市场需求扩大，产品结构调整和多元化消费趋势进一步深化，将促进茶叶市场容量的发展。消费者对于产品质量的关注和政府相关政策出台将对行业的发展起到积极的推动作用，农业产业化经营模式将进一步发展，行业集中度也会逐步提高。

（一）原料茶生产趋向绿色化、专业化、轻简化

茶叶原料生产方面企业越来越重视产业可持续发展，加大科技投入，研发绿色、省力、轻简化茶叶生产新技术；生产方式由高强度资源利用向环境友好、节约高效利用转变，推广利用节肥、节药、节水、节能等资源节约型新技术，提高资源利用效率，减少茶叶生产过程中的环境污染。

（二）茶叶加工趋向标准化、自动化、节能化

随着工人成本不断增长，茶叶加工机械化、自动化生产方式成为必然。茶叶加工暂时难以达到完全标准化生产，未来可利用物联网、云平台等信息技术，将工艺技术信息与茶叶加工装备有机结合，通过互联网进行数据共享，由数据的确定性达到生产的可控性，促使茶叶产品质量更加稳定，进而实现茶叶加工的信息化和标准化。能源损耗的降低可以有效节省成本，茶叶的规范化加工可以使我国茶叶加工向连续化、自动化和清洁化方向发展，提高茶叶的国际竞争力，提供更多高质量的产品以满足消费者的需求。

（三）产品需求趋向安全、优质、健康、方便、时尚

随着经济的快速发展、生活水平的不断提高、消费理念的逐渐改变，以及茶文化的推广，茶叶消费者呈现年轻化趋向，科技进步也促使茶叶加工的研发朝多样化、创新化方向发展，满足消费者对茶产品的安全、优质、健康、方便、时尚的多样化需求。

三、重要政策及热点事件

（一）全国农产品加工产业发展联盟茶产业专业委员会成立

2018 年 12 月 16 日，全国农产品加工产业发展联盟茶产业专业委员会（以下简称联盟茶委会）在北京成立。联盟茶委会是接受农业农村部乡村产业发展司指导和管理的全国农产品加工产业发展联盟的分支机构，主要承担加强政府、社会组织、成员单位之间的广泛交流、信息互通、业务拓展工作，并协助成员单位实施战略合作、合理配置资源、规范产业秩序、维护行业权益、引导茶产业健康可持续发展。

（二）新国家标准陆续实施，推动产业标准化

2018 年，我国开始实施 22 个茶叶国家标准，包括 5 个基础标准、12 个产品标准和 5 个方法标准。其中，产品标准包括《红茶第 1 部分：红碎茶》《红茶第 2 部分：工夫红茶》《绿茶第 1 部分：基本要求》《茶叶感官审评术语》《固态速溶茶第 1 部分：取样》《白茶》《茉莉花茶》《茶叶中茶氨酸的测定高效液相色谱法》《乌龙茶第 7 部分：佛手》《抹茶》《茉莉花茶加工技术规范》《农产品追溯要求茶叶》等。国家茶叶标准的不断完善，有利于杜绝过度包装或缺斤短两、以次充好等冒充质量等级，以及添加色素等污染物现象的发生，确保茶叶产品的质量安全，让消费者都能喝上放心茶、喝上好茶。同时，也为中国茶叶的标准化和产业化打下了坚实的标准基础。

（三）"天价茶"遭调查，促使各茶类价格理性回归

2018 年 7 月 13 日，央视财经频道记者到福建武夷山，对价格参差不齐且个别价位奇高的武夷岩茶进行暗访调研，并明确将其列为"天价茶"。同样，产量仅占云南总产茶量 4% 的古树茶，因为茶叶品种相对珍稀而被商家过度炒作追捧，与牛栏坑肉桂遭遇的情况类似，造成中国茶叶市场另一个著名的普洱茶乱象。

（四）新式茶饮成为行业新的经济增长点

新式茶饮市场的快速扩展引发了资本的追捧，喜茶（HEYTEA）、奈雪的茶等网红品牌融资额更是达到了亿元级。2018 年 3 月中旬，新茶饮品牌奈雪的茶完成数亿元 A＋轮融资，奈雪的茶本轮融资后估值达 60 亿元，成为公开资料中茶饮行业首个独角兽。4 月 25 日，喜茶完成了 B 轮融资，融资金额达 4 亿元，投资方为美团点评旗下的产业基金——龙珠资本。新式茶饮受到年轻消费者的欢迎，已成为现制饮品中的重要增长力量。

四、面临的主要问题与挑战

（一）茶行业季节性用工矛盾日益突出

据调研，采茶工的工资成本就已达到茶青价格的 50% 左右。春茶时节，浙江采茶工

工资在 140～180 元/天，安徽 130～160 元/天、贵州 90～130 元/天、广西 80～120 元/天，同比均有所上升；广东薪酬持续上涨，同比增长约 9％。2018 年，除用工成本持续上涨以外，还面临着熟练采茶工的短缺问题。一方面，本地熟练采茶工数量减少；另一方面，外聘的采茶工不熟悉当地茶叶加工原料要求的采摘工序，在采摘条件严苛的要求下，每日采摘量比本地熟练工少 20％。而在 3 月底，气温上升过快，茶芽长势过猛，造成采茶工稀缺，甚至出现了短暂性的采茶工资与茶青价格倒挂的现象，春茶时节用工紧张的问题日益凸显。

（二）产量逐年增加，产能过剩问题已日益凸显

2018 年，我国毛茶产量达到 261.6 万吨，同比增长 4.8％，已连续二十多年增长。在全国各主产区茶叶增产带动下，2018 年全国精制茶总产量达到 223 万吨，产量持续走高，而精制茶消费的增长速度过慢，导致产销不平衡，生产与消费的不平衡矛盾加大。因此，我国茶产业面临着产能过剩的问题。

（三）国内市场需求滞缓，部分企业面临亏损

当前，受经济进入新常态、礼品消费受限制、消费者消费习惯改变等多重因素影响，国内茶叶销售呈现疲软状态。据国家茶叶产业技术体系产业经济研究室 2018 年对 145 个茶叶主产县调研结果，59％的茶叶产区茶叶销售量较 2017 年下降或持平，部分地区出现茶叶滞销。2018 年，规模以上精制茶加工企业中亏损企业亏损额为 4.2 亿元，同比增长 44.5％。

（四）出口以大宗散装初级原料茶为主且品种单一

我国茶叶出口贸易格局基本保持稳定，但出口市场仍集中在发展中国家和地区，产品结构仍以大宗散装初级原料茶为主。特别是 2015 年摩洛哥大幅下调大包装茶叶进口税率后，近年来大包装绿茶贸易量大幅增长，小包装绿茶贸易量明显萎缩。2018 年，大宗散装初级原料茶数量约占总出口量的 2/3，大宗散装初级原料茶出口比例同比增加 3 个百分点。此外，我国茶叶深加工等茶叶综合利用的水平有限，茶叶出口品类及产品单一，不能满足欧美国家和地区的需求（欧美国家和地区消费者大多喜爱红茶），附加值低，导致我国茶叶出口竞争力逐渐减弱。

第六章／肉类产业发展情况

2018 年，肉类产业整体运行向好，主营业务收入、利润总额总体呈上涨趋势。企业从业人员总数同比小幅下降，技术人员数量大幅增加，人员结构得到优化。产业集中度和产能利用率均有所提高，开工率与 2017 年基本持平。东、中部地区及大、中型肉类加工企业更加重视原料采购基地、研发机构、质量安全体系建设及电子商务开展，相关比例指标均大幅领先于西部、东北地区及小、微型企业。大型企业在品牌建设、国际化经营等方面更具优势。从市场情况看，猪肉市场年内量价齐跌，年底恢复到年初水平；生猪存栏量持续小幅下降，生猪屠宰进一步向集约化发展。

一、样本企业运行情况

（一）主营业务收入和利润总体呈上涨趋势

2018 年受非洲猪瘟影响，我国原料肉及副产物价格有所下降，在肉类总产量基本持平的情况下，被调查肉类加工企业的主营业务收入和利润总额均实现同比上涨。其中，累计完成主营业务收入 3 249.5 亿元，平均每家企业主营业务收入 3.1 亿元，主营业务收入中位数为 1.3 亿元，平均主营业务收入同比增长 5.4%；累计实现利润总额 150.9 亿元，平均每家企业利润额 1 430.6 万元，同比增长 13.8%。

1. 大、中、小型肉类加工企业主营业务收入和利润均实现同比增长　2018 年，在 1 055 家样本企业中，大、中、小、微型企业分别占 6.5%、22.1%、68.1%、3.3%。其中，大型企业平均主营业务收入 14.7 亿元，同比增长 7.0%，增幅高于中、小型企业；中、小型企业平均主营业务收入分别为 4.5 亿元和 1.6 亿元，同比分别增长 4.4% 和 5.3%；微型企业平均主营业务收入 1.1 亿元，同比下降 4.3%（图 6-1）。

盈利情况类似，大型企业平均利润 6 945.3 万元，同比增长 25.8%；中、小型企业平均利润分别为 1 782.7 万元和 831.2 万元，同比分别增长 2.6% 和 12.5%；微型企业灵活易转型，受非洲猪瘟影响小，虽然主营业务收入同比下降，但平均利润达 511.7 万元，同比增长 82.6%。

2. 不同地区肉类加工企业主营业务收入和利润同比均增长　受非洲猪瘟影响，东北地区等传统生猪养殖区的猪源无法调运到外省（自治区、直辖市），本地企业屠宰量随之增加，由此导致 2018 年东北地区肉类加工企业平均主营业务收入和利润分别大幅增长

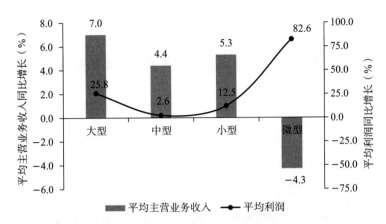

图 6-1 分规模肉类加工企业平均主营业务收入和利润同比增速

10.4％和26.5％（表6-1、图6-2）。东、中、西部地区肉类加工企业也都实现平均主营业务收入和利润同比增长。东北和东部地区经营情况较好，平均主营业务收入和利润均高于全国平均水平。

表6-1 分区域肉类加工企业平均主营业务收入及利润

单位：万元

地区	平均主营业务收入	平均利润
东部	32 839.6	1 270.8
中部	32 426.0	2 178.8
西部	16 553.0	1 048.4
东北	40 972.5	1 612.0

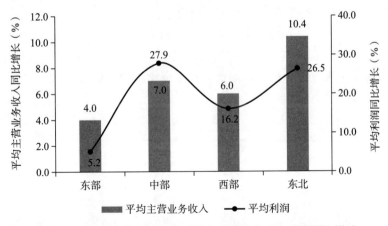

图 6-2 分区域肉类加工企业平均主营业务收入和利润同比增速

（二）人员结构进一步优化，技术人员数量同比大幅增加

近几年，肉类加工企业不断改进生产设备和生产技术，生产效率持续提升，对密集劳

动力需求有所降低。2018 年，肉类加工企业员工人数 38.9 万人，平均每家企业拥有员工 374 人，同比下降 1.6%。其中，生产人员 30.4 万人，平均每家企业拥有生产人员 294 人，同比下降 2.2%；技术人员 1.6 万人，平均每家企业拥有技术人员 20 人，同比大幅增长 8.7%。

分规模看，2018 年，大、中、小和微型企业平均员工人数分别为 2 439 人、533 人、122 人和 14 人，均呈现下降趋势，同比分别降低 2.8%、0.000 3%、1.2% 和 8.1%。大、中、小、微型企业生产人员数量均呈现下降趋势，平均生产人员数量分别为 1 940 人、423 人、91 人和 10 人，同比分别下降 4.3%、0.2%、0.3% 和 9.2%；平均技术人员数量均呈现增加趋势，同比分别增长 6.0%、8.4%、11.9% 和 2.3%（表 6-2）。

表 6-2　分规模肉类加工企业生产人员和技术人员情况

规模	平均生产人员数量		平均技术人员数量	
	数量（人）	同比增长（%）	数量（人）	同比增长（%）
大型	1 940	−4.3	85	6.0
中型	423	−0.2	25	8.4
小型	91	−0.3	10	11.9
微型	10	−9.2	3	2.3

（三）从业人员工资同比大幅增长

肉类加工企业主营业务收入和利润总体呈上涨趋势，而员工总数呈下降趋势，因此企业员工人均工资有所增长。2018 年，被调查肉类加工企业从业人员工资总额 135.8 亿元，同比增长 9.7%；企业人均工资 3.7 万元，同比增长 5.7%。

分规模看，大、中、小和微型企业人均工资分别为 3.9 万元、3.8 万元、3.4 万元和 4.2 万元，同比分别增长 11.4%、5.6%、3.0% 和 44.8%（图 6-3）。微型企业利润同比增长最快，同时员工人数减少最多，因此人均工资增长幅度最大。

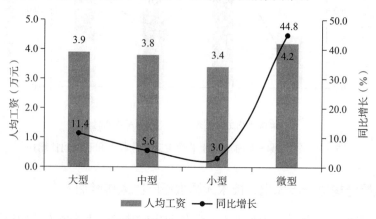

图 6-3　分规模肉类加工企业人均工资及同比增速

（四）产业集中度保持平稳

以主营业务收入为指标，2018 年填报企业的主营业务收入基尼系数为 0.638，同比仅降低 0.006，表明肉类产业集中度与 2017 年基本持平。在生猪养殖行业，2018 年温氏、牧原、正邦、雏鹰、天邦、天康、罗牛山、龙大肉食、金新农九大上市猪企共出栏生猪 4 476.3 万头，占全国生猪出栏量的 6.5%。2017 年，此九大企业共出栏生猪 3 442.46 万头，仅占当年全国生猪出栏量的 4.9%。

（五）企业产能利用率同比小幅增加

肉类加工企业产能利用率平均值和中位数均较 2017 年实现小幅增长。2018 年，被调查企业产能利用率平均值为 43.4%，比 2017 年提高 1 个百分点；产能利用率中位数为 40%，比 2017 年提高 1.4 个百分点。分规模看，四种规模企业产能利用率平均值和中位数均比 2017 年有所提高（表 6-3）。

表 6-3 分规模肉类加工企业产能利用率情况

单位:%

规模	产能利用率平均值		产能利用率中位数	
	2017 年	2018 年	2017 年	2018 年
大型	49.9	52.3	55.6	60.7
中型	53.0	53.1	58.4	59.7
小型	38.7	39.6	33.6	33.9
微型	37.3	39.6	29.3	32.6

产能利用率提高主要体现在生猪屠宰行业。过去活猪因为价差的原因多数都调出主产省（自治区、直辖市）外，2018 年因为生猪调运禁令，所有的活猪都需留在主产省（自治区、直辖市）内消耗，提高了产区屠宰企业产能利用率。以上市公司得利斯为例，目前公司的主要屠宰厂分设在吉林和山东两地。山东屠宰厂设计的产能为每年 100 万头，2018 年该厂产能利用率在 80%～90%；新设立的吉林屠宰厂目前的产能利用率在 30% 左右。随着非洲猪瘟的发生，上述两个屠宰厂的产能利用率有望持续提升。

（六）企业开工率同比基本持平

2018 年，肉类加工企业平均生产天数为 300 天，生产天数中位数为 305 天，平均生产天数占全年天数（满负荷天数）的 90%。2018 年平均生产天数、生产天数中位数、开工率均与 2017 年持平。

分规模看，大、中型企业生产天数在 300 天以上，开工率均达到 90% 以上，分别为 94.8% 和 92.9%；微型企业开工率较低，2017 年和 2018 年开工率分别为 78.4% 和 75.2%，均在 80% 以下（表 6-4）。

表 6-4　分规模肉类加工企业生产天数及开工率

规模	2018 年生产天数（天）	2017 年生产天数（天）	2018 年开工率（%）	2017 年开工率（%）
大型	315.7	315.9	94.8	94.9
中型	309.2	308.5	92.9	92.6
小型	297.4	297.2	89.3	89.2
微型	250.5	261.1	75.2	78.4

大型肉类加工企业冷链设备较为完善，在面对订单量下滑的情况时，可以较低价格收购生猪等活物，屠宰加工后存储于冷库中，待价格上涨，业内对市场信心增强，下游经销商备货积极性好转时，可对大量存储货品进行销售。因此，规模越大的企业应对危机的能力越强，开工率也就越高。而多数小、微型企业则存在资金周转不通、普通员工和技术人员流动性较大等问题，所以企业规模越小，开工率越低。

（七）企业重视生产基地建设

肉类加工企业较为重视生产基地建设。被调查的肉类加工企业中，有自建生产基地的企业 699 家，有订单生产基地的企业 595 家，有自建或订单生产基地的企业共 805 家，占比达到 74.9%。

生产基地提供的原料并不能满足企业生产。2018 年，被调查的企业主要农产品采购值为 1 501.6 亿元，企业通过自建和订单生产基地采购主要原料金额仅占主要农产品采购值的 25.1%。其中，自建生产基地采购值为 99.7 亿元，占主要农产品采购值的 6.6%；订单生产基地采购值为 277.2 亿元，占 18.5%。

1. 大、中型肉类加工企业更重视生产基地建设　分规模看，大、中、小和微型企业至少有一类基地的占比分别为 82.9%、84.8%、71.6% 和 59.5%，有自建生产基地的企业占比分别为 81.6%、74.7%、60.8% 和 51.4%（表 6-5）。总体来看，企业规模越大，有自建生产基地占比、至少有一类基地占比越高，表明规模越大的企业越重视生产基地建设。

表 6-5　分规模肉类加工企业生产基地建设情况

规模	自建生产基地（个）	订单生产基地（个）	基地总数（个）	至少有一类基地的企业数量（个）	至少有一类基地的企业占比（%）	有自建生产基地的企业占比（%）
大型	62	50	112	63	82.9	81.6
中型	177	155	332	201	84.8	74.7
小型	441	378	819	519	71.6	60.8
微型	19	12	31	22	59.5	51.4

2018 年，大、中、小和微型企业的原料采购值占主要农产品采购值的比例分别为 29.4%、26.3%、21.0% 和 2.4%（表 6-6）。总体来看，企业规模越大，其生产基地原料采购值占主要农产品采购值比例越大，表明大、中型企业更依赖其生产基地从事经营活动。

表 6-6　分规模肉类加工企业原料采购情况

规模	采购值（亿元）	自建生产基地采购值（亿元）	订单生产基地采购值（亿元）	自建生产基地采购值占比（%）	订单生产基地采购值占比（%）	合计占比（%）
大型	355.7	38.4	66.0	10.8	18.6	29.4
中型	617.3	31.4	131.1	5.1	21.2	26.3
小型	523.4	29.7	80.1	5.7	15.3	21.0
微型	5.2	0.1	0	2.4	0	2.4

2. 东、中部肉类加工企业生产基地建设更为完善　分区域看，东、中部肉类加工企业中至少有一类基地的企业占比高于全国平均水平，分别为 84.8% 和 81.8%，西部和东北地区明显较低，至少有一类基地的企业占比仅为 68.2% 和 67.5%，东部和中部地区企业基地建设更为完善（表 6-7）。

表 6-7　分区域肉类加工企业基地建设情况

地区	自建生产基地（个）	订单生产基地（个）	基地总数（个）	至少有一类基地的企业数量（个）	至少有一类基地的企业占比（%）
东部	405	343	748	471	84.8
中部	141	134	275	162	81.8
西部	104	77	181	116	68.2
东北	49	41	90	56	67.5

（八）近半数企业建有专门研发机构，研发投入持续增加

肉类加工企业为适应新时代消费升级需求，推动供给侧结构性改革，开始招聘更多的技术人员，逐步加大科技创新和新产品研发力度。调查显示，2018 年肉类加工企业中建有专门研发机构的占调查企业总数的 46%。其中，建有省级及以上研发中心的企业有 83 家，占建有专门研发机构企业的 16.8%，占调查企业的 7.7%。从研发经费投入看，肉类加工企业 2018 年研发总投入 25 亿元，平均每家企业研发投入 233.7 万元，同比增长 9.2%；研发投入强度为 0.7%。分规模看，大、中型企业建有省级及以上研发中心的占比分别为 28.9% 和 11.0%，小型企业中仅有 4.6% 的企业建有省级及以上研发中心（图 6-4）。

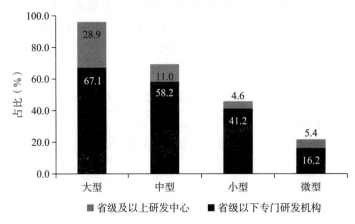

图 6-4　分规模肉类加工企业研发机构建设情况

（九）大、中型企业及东、中部地区企业质量安全体系建设更为完善

肉类加工企业质量安全体系建设直接关系到肉类食品食用安全性，也直接影响企业品牌价值。通过对样本企业质量安全体系建设调查发现，建有产品质量管理制度的企业占86.4%，建有专门质检机构的企业占74.7%，建有通过计量认证的质检机构的企业占38.3%（表6-8）。通过 ISO 9000 系列认证的企业占57.9%，通过 ISO 14000 系列认证的企业占17.3%，通过 ISO 22000 系列认证的企业占45.1%，通过 HACCP、GMP 质量体系认证的企业分别占39.1%、13.9%。

表 6-8　肉类加工企业质量安全体系建设情况

单位：%

项目	占比
建有产品质量管理制度	86.4
建有专门质检机构	74.7
建有通过计量认证的质检机构	38.3
ISO 9000 系列认证	57.9
ISO 14000 系列认证	17.3
ISO 22000 系列认证	45.1
HACCP 质量体系认证	39.1
GMP 质量体系认证	13.9

分区域看，不同地区质量管理建设水平差距较大。东、中部地区建有产品质量管理制度的企业占比分别为88.6%、88.9%，高于肉类加工企业平均水平（86.4%）；东北和西部地区占比较低，分别为85.5%和75.9%（表6-9）。建有专门质检机构的企业占比高于平均水平（74.7%）的地区有东部和东北地区，分别为76.0%和75.9%；中、西部地区占比较低，分别为72.7%和71.8%。建有通过计量认证的质检机构的企业占比普遍较低，

高于平均水平（38.3％）的地区有东部和东北地区，分别为40.5％和44.6％；中、西部地区占比较低，分别为36.9％和28.8％。三类质量安全管理均做得较好的地区为东部地区，西部地区的质量安全管理意识仍显不足。

表6-9　分区域肉类加工企业质量管理建设情况

单位：％

地区	建有产品质量管理制度的企业占比	建有专门质检机构的企业占比	建有通过计量认证的质检机构的企业占比
东部	88.6	76.0	40.5
中部	88.9	72.7	36.9
西部	75.9	71.8	28.8
东北	85.5	75.9	44.6

分规模看，大、中型企业质量管理建设明显优于小、微型企业。大、中型企业产品质量管理制度建设所占比例均高于90％，建有专门质检机构所占比例分别为85.5％和79.7％，建有通过计量认证的质检机构所占比例分别为46.1％和42.6％（图6-5）。从ISO系列认证看，大、中型企业平均通过ISO系列认证数量明显高于小、微型企业（表6-10）。

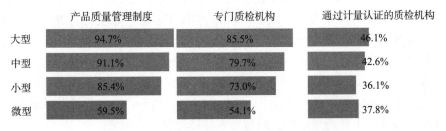

图6-5　分规模肉类加工企业质量管理建设情况

表6-10　分规模肉类加工企业ISO系列认证情况

单位：个

规模	平均通过ISO系列认证数量
大型	2.1
中型	1.5
小型	1.0
微型	0.6

（十）品牌建设仍需加强

肉类加工企业品牌建设情况不容乐观。被调查的肉类加工企业中，获得有机农产品、绿色食品、无公害农产品"三品"认证的企业仅占39.7％。获得有机农产品认证的企业占3.3％，获得绿色食品认证的企业占10.8％，获得无公害农产品认证的企业占25.6％，而仍有约六成企业未获得"三品"认证（图 6-6）。

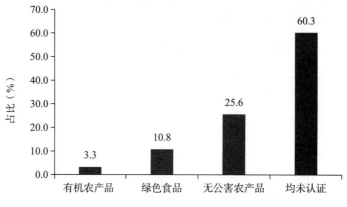

图 6-6　肉类加工企业"三品"认证情况

1. 大、中型企业通过"三品"认证比例较高　分规模看，大、中型肉类加工业样本企业通过"三品"认证的比例分别为 56.6％和 43.9％，占比较高；小、微型企业占比分别为 37.4％和 24.3％。总体来看，企业规模越大，"三品"认证情况越好。

2. 小、微型企业品牌建设仍需加强　2018 年，被调查企业中，获得中国名牌产品证书的肉类加工企业占 18.1％，获得中国驰名商标的企业占 21.2％，获得省级名牌产品或驰名商标等品牌认证的企业占 31.3％。2018 年共有 352 家企业获得省级以上名牌产品或驰名商标等品牌认证，占调查企业的 32.7％。分规模看，大、中、小和微型企业获得中国名牌产品证书的占比分别为 40.8％、26.2％、14.1％和 0％，获得中国驰名商标的企业占比分别为 48.7％、30.4％、16.1％、5.4％，获得省级名牌产品或驰名商标等品牌认证的企业占比分别为 64.5％、43.5％、25.1％、8.1％（图 6-7）。获得品牌认证的企业占比随企业规模的缩减呈下降趋势，小、微型企业品牌建设仍需加强。

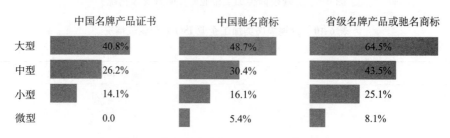

图 6-7　分规模肉类加工企业品牌建设情况

（十一）近半数企业开展电子商务，但电子商务收入占比较低

被调查企业中，开展电子商务的企业占 43.9％。企业开展电子商务与其有自建和订单生产基地呈正相关关系。开展电子商务的企业中有自建生产基地与无自建生产基地企业数比例为 3.6：1，而未开展电子商务的企业中有自建生产基地与无自建生产基地企业数比例为 1.2：1（图 6-8）。开展电子商务的企业中有订单生产基地企业占比为 64.6％，未

开展电子商务的企业中有订单生产基地企业占比为 48.1%。

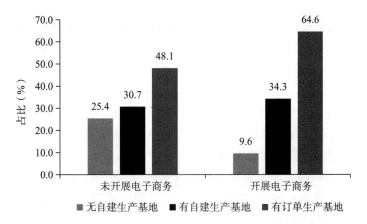

图 6-8 肉类加工企业基地建设与电子商务开展情况

开展电子商务的比例与企业规模大小呈正相关关系，企业规模越大，开展电子商务的比例越高。其中，大型企业开展电子商务比例最高，为 56.6%；微型企业开展电子商务比例最低，为 16.2%（图 6-9）。

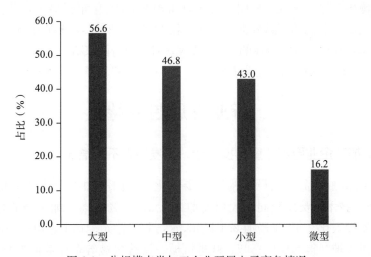

图 6-9 分规模肉类加工企业开展电子商务情况

从电子商务收入情况看，2018 年电子商务收入大于零的企业有 289 家，比 2017 年增加 36 家。开展电子商务的企业电子商务收入达 117 亿元，同比增长 12.9%；电子商务收入占主营业务收入的 11.4%，比 2017 年下降 1 个百分点。电子商务收入占比较低，主要是因为我国冷链物流行业设施相对落后、专业化水平不高[1]，而肉类产品对冷链物流要求又相对较高。

---

① 来源：2017 年国务院办公厅《关于加快发展冷链物流保障食品安全促进消费升级的意见》。

（十二）企业国际化平稳发展，大型企业国际贸易稳定增长

2018 年，524 家被调查企业上报了主营产品出口额。除去异常数据，2017 年和 2018 年出口额均大于零的企业共 48 家，2018 年产品出口总额 16 亿元，同比下降 0.9％。分规模看，大型肉类加工企业出口额同比增长 10％，中、小型企业出口额同比分别下降 16.4％和 12％。

2018 年，被调查的肉类加工企业实际利用外资额 15.7 亿元，同比略降 0.9％。分规模看，大型企业实际利用外资额同比增长 0.6％，中型企业实际利用外资额与 2017 年持平，小型企业实际利用外资额同比下降 6.5％。

2018 年，被调查的肉类加工企业对外投资总额为 33.9 亿元，同比下降 1.7％。分规模看，大型企业对外投资总额同比增长 1.5％，中型企业对外投资总额与 2017 年持平，小型企业对外投资总额同比下降 81.7％。

大型企业更加重视国际化经营。以双汇集团为例，作为目前中国最大的肉制品加工企业和生猪养殖企业，双汇在全球拥有 100 多家子公司，在企业国际化经营上做出了极大的努力。在斥资 71.2 亿美元收购全球最大的猪肉企业——美国史密斯菲尔德食品公司之后，又接连收购了美国、波兰、罗马尼亚等多国的企业，涉及领域包括肉制品加工、生物制药、肉制品设施生产等。据双汇集团母公司万州国际 2018 年年报显示，其在国外的业务对本集团收入及经营利润的贡献分别为 67.6％和 44.1％（2017 年分别为 66.7％和 56.9％），2018 年完成收购罗马尼亚两家企业的 100％股权，对墨西哥两家猪肉公司 GCM 及 Norson 拥有合资权益。通过持续对国际化经营进行投资，双汇集团稳固了其在世界市场的地位。

二、行业发展趋势特点

（一）肉类加工企业更加注重科技创新，研发投入不断增加

2018 年，肉类加工企业人员结构进一步优化，在肉类加工企业员工总数同比下降 1.6％的情况下，技术人员总数同比大幅增加 8.7％；46％的肉类加工企业建有专门的研发机构，其研发投入比 2017 年增加 2.1 亿元，达到 25 亿元。其中，由中国肉类食品综合研究中心联合唐人神、得利斯、喜旺、晓进机械、汉普机械等企业共同参与的"十三五"农村领域重点研发计划项目"西式肉制品绿色制造关键技术与装备开发及示范"正式启动。本项目共投入专项资金 1 969 万元，支持西式肉制品加工领域的共性关键技术与装备研究。肉类加工企业对技术人员的需求逆势增长和研发投入的不断增加说明企业更加注重科技的力量，通过加大科技创新和新产品研发力度以适应新时代消费升级需求。

（二）肉类加工企业发展不均衡

东、中部地区肉类加工企业的生产基地建设、质量安全体系建设更为完善，大、中型企业获得有机农产品、绿色食品、无公害农产品认证及中国名牌产品证书、中国驰名商标、省级名牌产品或驰名商标等品牌认证的比例更高，说明东、中部地区及大、中型肉类

加工企业更具竞争力。2018年东、中部地区企业平均主营业务收入、平均利润比西部和东北地区企业分别高出33.3％和17.3％，大、中型企业平均主营业务收入、平均利润比小、微型企业分别高出77.1％和72.4％。肉类加工企业在地区间和企业规模间发展不均衡，总体而言，东、中部地区及大、中型企业更具竞争力。

（三）肉类加工企业更加重视国际市场

因国内外原料肉价格差异较大，国内肉类加工企业往往进口大量原料肉，满足企业生产经营活动。海关数据显示，2018年我国牛肉、猪肉、羊肉、鸡肉的进口量分别为103.9万吨、119.3万吨、31.9万吨和29.6万吨，同比分别增长49.5％、－2.0％、28.1％和－5.1％（表6-11）。我国肉类进出口以冻肉为主，2018年冻牛肉、冻猪肉、冻羊肉和冻鸡肉的进口量分别达到102.3万吨、119.3万吨、31.8万吨和29.5万吨，分别占全部牛、猪、羊、鸡肉进口量的98.5％、99.9％、99.8％和99.6％。肉类贸易逆差约82.1亿美元，其中鲜猪肉贸易顺差0.3亿美元，鲜鸡肉贸易顺差2.4亿美元，其他肉类贸易逆差84.8亿美元。

表6-11　2018年我国肉类进出口情况[①]

品　种	进口量（吨）	进口额（万美元）	出口量（吨）	出口额（万美元）
鲜牛肉	15 989.6	13 656.1	4.4	4.4
冻牛肉	1 023 398.4	466 308.1	429.3	315.5
鲜猪肉	22.2	7.9	6 987.4	2 900.1
冻猪肉	1 192 805.9	207 389.3	34 774.1	16 630.4
鲜羊肉	697.1	419.6	1.0	1.0
冻羊肉	318 074.9	130 331.0	1 349.3	1 382.2
鲜鸡肉	1 327.3	160.4	71 699.9	23 711.7
冻鸡肉	295 085.9	70 492.0	104 473.4	22 534.9

另一方面，为缓解国内产业结构矛盾，维持国际收支平衡，我国"一带一路"倡议要求资本"走出去"，从而助力国内经济结构调整。肉类加工业方面，大型企业更加重视国际市场。2018年大型肉类加工企业出口额同比增长10％，境外投资额同比增长1.5％。境外投资等国际化经营短期内对企业利润有一定影响，长远来看将有利于我国肉类加工业结构调整，转变以粗放型为主的经济模式，不断提高企业经营管理水平和综合竞争力。

（四）原料肉价格波动明显，对肉类加工企业生产经营带来挑战

2018年，生猪和猪肉价格总体呈现先跌后涨趋势。国家发展和改革委员会价格监测中心数据显示，2018年上半年生猪价格大幅下跌，5月生猪出场价格较1月下跌31.5％，至10.39元/千克，6月生猪出场价格开始上涨，9月相比6月涨幅为28.7％，第四季度

---

① 数据来源：海关统计数据在线查询平台。

稍有降低，12 月生猪出场价格为 14.17 元/千克（图 6-10）。猪肉价格波动亦是如此，5 月白条猪价格较 1 月下跌 22.2%，至 17.03 元/千克，6 月白条猪价格开始上涨，9 月相比 6 月涨幅为 18.1%，第四季度稍有降低（图 6-11）。2016—2018 年，羊肉价格一直呈现螺旋式上升的趋势，2018 年 12 月羊肉价格较 1 月上涨 14.2%。2016 年 1 月至 2017 年 8 月牛肉价格保持平稳，价格维持在 50 元/千克左右。但 2017 年 9 月牛肉价格开始持续上升，2018 年 12 月较 2017 年 9 月上涨 11.4%，至 56.33 元/千克。2016 年 1 月至 2018 年 12 月禽肉价格呈现平稳趋势，2018 年全年禽肉价格维持在 21 元/千克左右。

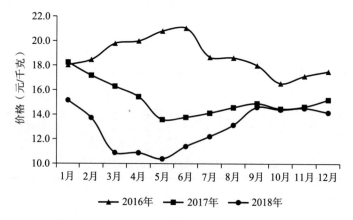

图 6-10　2016—2018 年生猪出场价格变动情况①

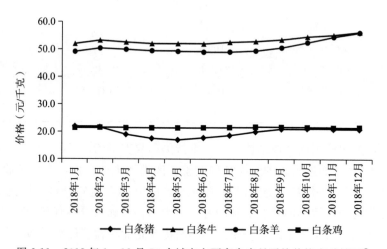

图 6-11　2018 年 1～12 月 50 个城市主要畜禽肉月平均价格变动情况②

　　2018 年下半年牛肉和羊肉价格普遍上涨，主要是受产能调整等因素的影响，但整体仍符合常年季节性规律。由于受非洲猪瘟的影响，2018 年猪肉价格总体呈现"上半年下跌，下半年回升"的特征。非洲猪瘟发生后，受活猪跨省份禁运政策影响，区域间供需出

　　①　数据来源：国家发展和改革委员会。
　　②　数据来源：商务部。

现不平衡，价格表现为产区跌、销区涨。但随着各地改"调猪"为"调肉"后，流通渠道逐渐通畅，产销区价格分化趋缓，猪肉价格逐渐温和恢复。

2018 年春节前市场开始出现集中抛售行为，生猪供应量快速增加，节前生猪出场价开始持续下跌。春节后消费需求快速下降，屠宰企业开工后普遍缩减收购量，同时养殖户看空后市，出栏积极，屠宰企业趁机顺势大幅压价，使价格在节后急速下滑。春节前后价格快速下跌造成的惜售，使市场大量生猪压栏，成为价格筑底的主要原因。下半年价格上涨主要是受到季节性消费旺季的带动，而非洲猪瘟疫情的出现使市场陷入短时的恐慌，价格逐渐呈现下降趋势。

原料肉价格波动对肉类加工企业成本影响较大，以原料猪肉为例，价格上涨时，肉类加工企业成本提升，影响企业利润。粗略计算，原料肉占肉类加工业务成本比例约为70%，其中猪肉成本约占原料肉成本比例 70%，即猪肉成本占肉类加工业务总成本比例约 50%。原料肉中，鸡肉成本约占 20%，企业会通过价格变动来调整猪肉和鸡肉的使用比例。在猪肉价格上涨期，一部分肉类加工企业通过改进产品结构以及进口国外低价原料肉方式平抑成本波动，但是进口猪肉量占总用肉量比例不超过 5%。这对肉类加工企业的经营带来挑战，企业需从采购、产品配方等方面不断调整以应对市场变化。

（五）国内生猪和母猪存栏整体呈下降趋势，生猪屠宰进一步向集约化发展

2018 年以来，国内生猪和母猪存栏整体呈下降趋势。农业农村部数据显示，截至2018 年 12 月，生猪和能繁母猪存栏量分别为 30 919 万头和 2 976 万头，环比分别下降3.7% 和 2.3%，同比分别下降 4.8% 和 8.3%（表 6-12）。2018 年 2 月全国规模以上生猪定点屠宰企业屠宰量全年最低，屠宰量为 1 748.4 万头，后期屠宰量出现上升趋势，12 月底屠宰量达 2 288.4 万头，环比增长 14.1%（表 6-13）。2018 年全国规模以上生猪定点屠宰企业屠宰量累计达到 2.4 亿头，较 2016 年增长 16.2%，为近三年最高水平。同时 2018年全国生猪出栏量为 69 382 万头，较 2016 年仅增长 1.3%，生猪屠宰进一步向集约化发展。

表 6-12　2018 年生猪和能繁母猪存栏信息[①]

时　　间	生猪 （万头）	环比增长 （%）	同比增长 （%）	其中：能繁母猪 （万头）	环比增长 （%）	同比增长 （%）
2018 年 1 月	33 739	−1.2	−3.2	3 417	−0.3	−4.9
2018 年 2 月	33 233	−1.5	−4.7	3 400	−0.5	−5.0
2018 年 3 月	33 698	1.4	−0.3	3 403	0.1	−0.8
2018 年 4 月	33 429	−0.8	−1.5	3 355	−1.4	−2.1
2018 年 5 月	32 794	−1.9	−2.0	3 272	−2.5	−3.9
2018 年 6 月	32 400	−1.2	−1.8	3 229	−1.3	−2.9
2018 年 7 月	32 141	−0.8	−2.0	3 168	−1.9	−4.0

---

① 数据来源：农业农村部。

（续）

时　　间	生猪 （万头）	环比增长 （%）	同比增长 （%）	其中：能繁母猪 （万头）	环比增长 （%）	同比增长 （%）
2018 年 8 月	32 045	−0.3	−2.4	3 133	−1.1	−4.8
2018 年 9 月	32 301	0.8	−1.8	3 123	−0.3	−4.8
2018 年 10 月	32 333	0.1	−1.8	3 086	−1.2	−5.9
2018 年 11 月	32 107	−0.7	−2.9	3 046	−1.3	−6.9
2018 年 12 月	30 919	−3.7	−4.8	2 976	−2.3	−8.3

表 6-13　2018 年全国规模以上生猪定点屠宰企业屠宰量①

时　　间	屠宰量（万头）	环比增长（%）	同比增长（%）
2018 年 1 月	2 289.2	−1.5	10.3
2018 年 2 月	1 748.4	−23.6	37.2
2018 年 3 月	1 917.0	9.6	11.5
2018 年 4 月	2 116.1	10.4	21.8
2018 年 5 月	2 136.2	1.0	15.4
2018 年 6 月	1 957.8	−8.4	10.3
2018 年 7 月	1 951.3	−0.3	8.0
2018 年 8 月	1 966.9	0.8	7.7
2018 年 9 月	1 923.0	−2.2	2.8
2018 年 10 月	1 951.0	1.5	1.8
2018 年 11 月	2 006.5	2.9	0
2018 年 12 月	2 288.4	14.1	−1.6

2018 年生猪和母猪存栏整体上下降的主要原因有以下四个方面：一是 2018 年春节前后的气温变化较大，导致仔猪成活率偏低；二是上半年猪肉价格低迷，很多养殖户看空后市，出栏积极；三是夏季高温暴雨横行，对生猪调运产生不利影响，同时国内的环保禁养政策持续加压，导致部分不合格的散养户退出生猪市场；四是受非洲猪瘟影响，对大批受疫情感染的猪进行了扑杀。

（六）肉类加工业一二三产业融合趋势明显

据 41 家国内肉类加工上市企业、国家农产品加工技术研发体系畜产加工专委会肉类加工研发中心、肉类加工产业技术创新战略联盟成员一二三产业分布情况分析结果，85%以上的肉类加工企业在一二三产业及相关新产业进行多样化布局，包括第一产业的育种、渔业、种植，第二产业的饲料加工、副产品加工、生物制药、水果制品生产、食用菌生产、饮料加工、调味品加工，第三产业的冷链仓储物流、连锁零售、电子商务、餐饮酒

---

① 数据来源：农业农村部。

店、旅游、培训、科研、金融投资等，肉类加工业一二三产业融合趋势明显（表6-14）。

表 6-14 我国肉类加工业部分企业相关新产业分布情况①

企业名称	传统一产	传统二产	三产或其他养殖、屠宰加工以外的一二产情况
北京资源亚太食品有限公司	育种、养殖	屠宰加工	大蒜油、开发啤酒、白酒、饮料、调味品等发酵产品，自酿啤酒机、无醇啤酒机、酿酒机、全自动酿醋机、酱油机、低度酒脱醇机、焦糖色素生产设备
天津宝迪农业科技股份有限公司	养殖	屠宰及肉制品加工	生物制品、生化产品、生物保健品等领域的技术开发、生产和营销服务
河南华英农业发展股份有限公司	育种、养殖	屠宰及肉制品加工	饲料、羽绒制品生产
河南大用实业有限公司	育种、养殖	屠宰及肉制品加工	饲料、疫苗生产、兽药研发
烟台市喜旺食品有限公司	/	肉制品	直营连锁
安徽香泉湖禽业有限公司	育种、养殖	屠宰及肉制品加工	种苗孵化、饲料加工
唐人神集团股份有限公司	养殖	肉制品加工	饲料
广州温氏食品集团有限公司	畜禽繁育、养殖	屠宰	金融投资、农牧设备制、生物制药、原奶成品奶销售、生鲜门店、现配批发零售中心
福建圣农食品有限公司	育种、养殖	屠宰及肉制品加工	饲料
吉林省长春皓月清真肉业股份有限公司	良种繁育、肉牛养殖	屠宰及肉制品加工	超氧化物歧化酶（SOD）、硫酸软骨素、血红素铁补血胶囊等生物制品，牛皮深加工；饲料生产；有机肥生产、市场流通；餐饮旅游
中山市千腊村	/	肉制品加工	批发零售鲜肉和冷冻肉、货物进出口
四川通江县巴山生态牧业科技有限公司	育种、养殖	屠宰及肉制品加工	/
山东新希望六和集团有限公司	养殖	屠宰及肉制品加工	饲料
北京黑六牧业科技有限公司	育种、养殖	肉制品加工	饲料加工、技术服务、技术咨询，种植果树、蔬菜、牧草，餐饮服务、销售饮料、烟、酒
重庆清水湾食品有限公司	育种、养殖	屠宰及肉制品加工	/
聊城市立海冷藏有限公司	养殖	屠宰及肉制品加工	/

① 数据来源：上市公司年报及企业官网。

（续）

企业名称	传统一产	传统二产	三产或其他养殖、屠宰加工以外的一二产情况
四川颐康实业有限公司	养殖	屠宰及肉制品加工	/
黑龙江大庄园肉业有限公司	养殖	屠宰及肉制品加工	物流分装配送中心、进出口贸易
阳信亿利源清真肉类有限公司	养殖	屠宰	批发、零售、仓储物流服务、冷库租赁
内蒙古草原宏宝食品股份有限公司	养殖	屠宰	进出口贸易
南京黄教授食品科技有限公司	/	肉制品加工	科研、零售
江西煌上煌集团食品股份有限公司	养殖	屠宰及肉制品加工	连锁专卖店
衡水志豪畜牧科技有限公司	养殖	屠宰	饲料生产专用设备销售、饲料销售、预包装、畜禽饲养技术咨询服务
重庆阿兴记食品股份有限公司	/	屠宰及肉制品加工	饲料，种植花卉、蔬果、果树，旅游项目开发，餐饮技术培训，货物进出口，养殖技术咨询服务
青海可可西里食品有限公司	养殖	屠宰及肉制品加工	水果制品生产、食用菌制品生产、乳制品批发零售，农畜产品开发、餐饮住宿、工业旅游、商贸流通、市场管理服务
福建省力诚食品有限公司	/	肉制品加工	/
吉林精气神有机农业股份有限公司	育种、养殖	肉制品加工	农副产品种植
贵州五福坊食品股份有限公司	/	屠宰及肉制品加工	研发、冷链
新疆巴里坤健坤牧业有限公司	育种、养殖	屠宰及肉制品加工	饲草料销售、仓储理货、花草种植、牧业良繁技术咨询服务、牧草收割服务，五金建材、日用百货销售，旅游、餐饮服务
江苏长寿集团股份有限公司	育种、养殖	屠宰及肉制品加工	饲料、连锁专卖、冷链物流
江西国鸿集团股份有限公司	养殖	屠宰及肉制品加工	"猪—沼—渔—果蔬"的绿色生态农业，连锁销售、自营出口、市场流通服务，餐饮娱乐、观光旅游和自营出口
福建容和盛食品集团有限公司	养殖	屠宰	饲料
浙江青莲食品股份有限公司	养殖	屠宰及肉制品加工	饲料、冷链物流、连锁零售、文化旅游

（续）

企业名称	传统一产	传统二产	三产或其他养殖、屠宰加工以外的一二产情况
陕西秦宝牧业股份有限公司	育种、养殖	屠宰及肉制品加工	卖场、餐饮线下销售，电商销售
贵州永红食品有限公司	养殖	屠宰及肉制品加工	销售、科研
锡林郭勒盟伊顺清真肉类有限责任公司	/	屠宰及肉制品加工	/
内蒙古蒙都羊业食品有限公司	育种、养殖	屠宰及肉制品加工	餐饮连锁
吉林德大有限公司	育种、养殖	屠宰及肉制品加工	饲料、粮米加工、白酒酿造、油脂加工、大曲酒厂
南京桂花鸭（集团）有限公司	/	屠宰及肉制品加工	物流配送、连锁经营
安徽华卫集团禽业有限公司	育种、养殖	屠宰及肉制品加工	饲料
内蒙古塞飞亚农业科技发展股份有限公司	育种、养殖	屠宰及肉制品加工	饲料

三、重要政策及热点事件

（一）中美贸易战爆发，肉类加工企业优化进口原料结构

2018 年中美贸易战爆发，中国对原产于美国的 7 项猪肉及其制品、大豆、玉米、鲜牛肉、冻牛肉、冻牛杂碎征收 25％ 的关税。数据显示，政策施行后，2018 年我国从美国进口的鲜、冻牛肉的进口量逐季度下降，第三季度达到最低点，冻猪肉的进口量第四季度达到最低点（表 6-15）。与此同时，中国开放了更多牛肉进口国，对巴西和阿根廷的牛肉进口量同比暴增，对澳洲和新西兰的进口量同比大幅增加，对乌拉圭的进口量保持平稳。原产美国的进口肉类及饲料原料成本提高，会对国内依赖美国进口原料的肉类加工企业及饲料加工企业造成一定冲击。但长期来看，有助于企业优化进口原料结构，提高抗风险能力。

表 6-15　2018 年中国对原产于美国的猪、牛、羊肉进口情况[①]

品种	第一季度		第二季度		第三季度		第四季度	
	进口量（吨）	进口额（万美元）	进口量（吨）	进口额（万美元）	进口量（吨）	进口额（万美元）	进口量（吨）	进口额（万美元）
鲜牛肉	123.0	57.6	91.6	58.5	82.3	49.2	129.7	70.9

---

① 数据来源：海关统计数据在线查询平台。

（续）

品种	第一季度		第二季度		第三季度		第四季度	
	进口量（吨）	进口额（万美元）	进口量（吨）	进口额（万美元）	进口量（吨）	进口额（万美元）	进口量（吨）	进口额（万美元）
冻牛肉	1 788.7	1 897.4	1 654.6	1 812.9	1 202.3	1 318.5	1 344.9	1 650.6
鲜猪肉	0.4	1.0	2.1	7.7	1.3	2.9	1.5	3.0
冻猪肉	6 027.0	35 440.7	4 691.7	29 988.7	1 668.5	15 025.3	548.2	5 181.1
鲜羊肉	0	0	1.0	1.0	0	0	0	0

（二）非洲猪瘟疫情暴发，农业农村部启动Ⅱ级应急响应

2018 年 8 月 1 日，辽宁沈阳沈北新区某养殖户的生猪发生疑似非洲猪瘟疫情，存栏 383 头，发病 47 头，死亡 47 头。8 月 3 日，经中国动物卫生与流行病学中心确诊，该起疫情为非洲猪瘟疫情。第一起非洲猪瘟疫情被确诊后，农业农村部根据《非洲猪瘟疫情应急预案》及时启动Ⅱ级应急响应，并派出专家组赴疫区指导开展疫情处置和排查工作。当地政府迅速组织有关部门，划定疫点、疫区和封锁区，严格限制生猪运输；对疫点和疫区内所有生猪进行扑杀和无害化处理；对饲料、垫料、污水、环境进行彻底消毒。海关总署对非洲猪瘟疫区猪类产品一律作退回或销毁处理。

（三）肉类加工业走私、注水、垄断交易等违法行为频出

2018 年肉类行业出现多起走私、注水、垄断交易等违法行为。南宁、重庆等地破获价值近 6 亿元的走私肉案件，南京、信阳等地查处整治多个制造、销售注水肉的窝点，辽宁、广东等地打掉多个垄断集贸市场生猪供应、垄断猪肉买卖市场的团伙组织。不法商贩通过走私、注水非法获利的行为严重影响国内肉品的市场行情、威胁我国的食品安全，黑恶势力通过垄断交易欺行霸市非法获利的行为严重危害当地治安及消费者的切身利益，此类事件频出严重影响肉类加工业健康发展。

四、面临的主要问题与挑战

（一）非洲猪瘟疫情影响企业生产经营

2018 年我国累计发生 79 起非洲猪瘟家猪疫情、2 起非洲猪瘟野猪疫情，累计扑杀生猪 91.6 万头。疫情发生后，农业农村部及时启动Ⅱ级应急响应。此次疫情地点分散，发病死亡猪数量大，延续时间长。疫情发生期间，疫区肉类屠宰企业及肉制品加工企业停工停产、地区间生猪禁运、市场对猪肉消费的负面情绪，给肉类加工企业正常生产经营造成了较大影响。

（二）肉类生产成本不断上升

我国肉类产量位居世界第一。近几年受发展方式、疫病、环保等因素影响，人工成本

不断上升（2018年肉类加工企业从业人员工资总额同比增长近10%），动物福利、无害化处理和食品安全等要求不断提高，肉类生产成本逐步上升。以猪肉为例，自2010年以来，生猪养殖的总成本基本上以每年1.2%的速度上涨，主要原料肉猪肉的价格长期比美国高1倍左右，对企业的综合盈利能力提出了严峻考验。

（三）市场风险进一步加大，国际竞争加剧

受肉类产品生产特点、市场供求、食品安全事件等因素影响，肉类产品价格呈波动态势，影响肉类加工业稳定发展。同时，目前多变的国际贸易环境，也将对国内肉类加工业的发展造成冲击。近几年我国肉类总产量略有下降，同时国内肉类消费需求量不断提升，为满足国内消费需求，充分利用国际市场与资源，我国肉类市场对外开放度不断提升。以牛肉进口为例，2018年我国开放法国、塞尔维亚牛肉进口，未来还有可能开放英国牛肉进口。2018年我国大陆正关牛肉进口量激增至103.9万吨，首次跃居全球首位。随着"一带一路"倡议的实施，发达国家和部分发展中国家的肉类生产商、销售商还将扩大对中国的肉类出口，这将使我国养殖及屠宰企业的竞争加剧。

（四）肉类供应能力稳步提高的难度加大

土地及草场承载能力的限制和环境保护政策的制约，将影响我国肉类产量的提升。同时随着人们生活水平的持续提高，膳食结构加快调整，国内某些肉类产量将不能满足市场需要。据美国农业部数据显示，2013—2018年我国牛肉消费量增长了49.0%，据此推算，2018年我国牛肉消费缺口达到208.9万吨；猪肉方面，近年国内猪肉产量下降，而消费量有所提高，2018年我国猪肉消费缺口达到194.8万吨（表6-16）。预计2020年我国肉类需求总量将达到1亿吨，而肉类总产量仅9000万吨左右，将会有约1000万吨的供需缺口。

表6-16 2013—2018年我国牛肉、猪肉消费缺口①

单位：万吨

年份	牛肉消费量	牛肉产量	牛肉出口量	牛肉消费缺口	猪肉消费量	猪肉产量	猪肉出口量	猪肉消费缺口
2013	572.5	613.1	0.6	−40.0	5 422.5	5 618.6	7.3	−188.8
2014	729.7	65.7	0.6	114.6	5 716.9	5 820.8	9.2	−94.7
2015	730.5	616.9	0.5	114.1	5 742.5	5 645.4	7.2	104.3
2016	759.0	616.9	0.4	142.5	5 457.0	5 425.5	4.9	36.4
2017	801.0	634.6	0.1	166.5	5 487.5	5 451.8	5.1	40.8
2018	853.0	644.1	0	208.9	5 595.0	5 403.7	3.5	194.8

---

① 数据来源：肉类消费缺口＝消费量－（产量－出口量），消费量数据来源于美国农业部，出口量数据来源于海关总署。

第七章 / 蛋品产业发展情况

2018 年蛋品加工业总体呈现较快发展态势，经营效益较 2017 年部分改善。规模以上蛋品加工企业主营业务收入维持较快增长态势，但利润率有所下降。传统蛋品加工企业现代化、智能化改造步伐明显加快。传统蛋制品出现分化，新型蛋制品供需两旺带动行业竞争加剧。原料蛋中抗生素及农药残留超标、中美贸易摩擦对蛋品加工业的影响需要重点关注。

一、样本企业运行情况

（一）样本企业组成结构

2018 年，来自河北、陕西、辽宁等 19 个省（自治区、直辖市）的 118 家蛋品加工企业（主营业务收入 500 万以上）参与了本次调查。其中，规模以上蛋品加工企业 94 家，占全部调查企业的 79.7%。分登记类型看，有限责任公司 66 家，占规模以上调查企业的 70.2%；私营企业 19 家，占 20.2%；股份有限公司 8 家，占 8.5%；国有企业 1 家，占 1.1%（图 7-1）。

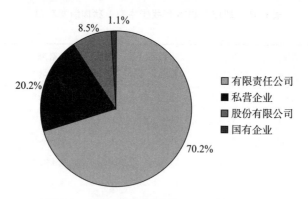

图 7-1　分登记类型蛋品加工企业数量占比

分龙头企业级别看，蛋品加工企业以省级（42.6%）和市级（47.9%）农业产业化龙头企业为主；国家级龙头企业占比较低，为 6.4%（表 7-1）。

分规模看，中型企业 13 家，占 13.8%；小型企业 79 家，占 84%；微型企业 2 家，占 2.1%。这说明我国蛋品加工企业整体集中度较差，仍以小型企业为主。

表 7-1 分级别蛋品加工业龙头企业数量及占比

龙头企业级别	企业数量（个）	占比（%）
国家级	6	6.4
省级	40	42.6
市级	45	47.9
非龙头企业	1	1.1
区县级	2	2.1

分区域看，东部地区企业占 50%，中部地区企业占 31.9%，西部地区企业占 11.7%，东北地区企业占 6.4%。作为玉米、大豆等饲料原料的主产区，东北地区曾经是我国蛋鸡养殖的主要产区，但是近十年来，随着饲料原料的进口依赖以及运输的便利性加强，蛋鸡养殖开始向经济发达的京津冀、长三角、珠三角地区转移。除此之外，我国鸡蛋加工比例较小，而主要以鸭蛋加工为主，因而作为水禽主产区的长江中下游地区如江苏、江西、湖北、安徽等省份的蛋品加工企业较为密集。

（二）主营业务收入实现较快增长，但利润有所下降

2018 年，蛋品加工业保持较好发展势头，在经济下行压力下，主营业务仍旧维持了较快的发展速度。参与本次调查的规模以上蛋品加工企业平均每家完成主营业务收入 1.2 亿元，同比增长 8.3%；主营业务收入中位数 6 752 万元，同比增长 4.3%。受原料、包装以及人工成本上涨影响，利润有所下降，平均每家企业实现利润 766.8 万元，同比下降 2.1%。分规模看，小型企业的平均主营业务收入同比增长较快（11.7%），微型企业的增长最缓慢（1.0%）（表 7-2）。同时，小型企业的平均利润同比减少也最多（3.5%），微型企业的平均利润同比小幅增长（1.1%）。这说明 2018 年我国蛋品加工企业面临较大生存压力，尤其对于小型企业而言，虽然主营业务收入增长速度较快，但由于成本控制能力较差，利润空间受到挤压。

表 7-2 分规模蛋品加工企业平均主营业务收入及利润情况

规模	平均主营业务收入 （万元）	平均主营业务收入 同比增长（%）	平均利润 （万元）	平均利润同比增长 （%）
中型	28 998.3	2.7	2 421.2	−0.4
小型	9 126.9	11.7	501.1	−3.5
微型	5 905.0	1.0	109.3	1.1

分区域看，平均主营业务收入增长整体比较均衡，东部地区增长较快，同比增长 9.4%，而西部地区增长相对缓慢，同比增长 5.6%（表 7-3）。平均利润方面，东部和东北地区平均利润下降显著，同比分别下降 7.9% 和 20.0%，仅中部地区实现同比增长。

表7-3　分区域蛋品加工企业平均主营业务收入及利润情况

地区	平均主营业务收入（万元）	平均主营业务收入同比增长（%）	平均利润（万元）	平均利润同比增长（%）
东部	11 317.0	9.4	631.8	−7.9
中部	13 921.0	7.5	900.6	7.4
西部	7 739.7	5.6	1 027.6	−0.2
东北	13 365.2	8.4	684.4	−20.0

（三）就业带动小幅增长，技术人员数量占比明显提高

1. 员工人数情况　2018年，规模以上蛋品加工企业平均每家员工人数165人，同比小幅增长1.4%。从人数分布看，68.8%的蛋品加工企业员工人数在51～250人（表7-4）。在生产人员方面，蛋品加工企业平均生产人员数量为119人，与2017年同期值基本持平。在技术人员方面，蛋品加工企业平均技术人员数量为11人，比2017年增长了8.6%。

表7-4　蛋品加工企业员工人数分布情况

人数分段（人）	占比（%）
10以下	0
11～20	2.2
21～30	2.2
31～50	10.8
51～90	20.4
91～150	26.9
151～250	21.5
251～400	7.5
401～650	6.5
651～1 000	2.2
1 001～2 000	0

我国的蛋品加工业，尤其是传统蛋制品加工业，属于劳动密集型行业。随着脉动压腌制罐、卤蛋加工生产线等设备的研发成功和投入应用，蛋品加工的自动化程度有所提升，但大部分传统蛋制品加工企业还是采用手工腌制方法，自动化设备的推广与产业整体升级还有待加强。而新型蛋制品（如液蛋、蛋粉等）加工多采用国外进口设备，自动化程度很高。因此，2018年，在蛋品加工产能持续扩张的背景下，生产人员数量未明显增长，而技术人员数量呈明显增长态势。这说明随着我国蛋品加工技术水平的提升，企业对技术人员的需求快速增长，蛋品加工科技含量也在进一步提高。

2. 就业人数变化　分规模看，中型企业的员工人数明显增加（同比增长4.8%），小型企业的员工人数略有下降（同比下降0.8%）（图7-2）。其中，中型企业的生产人员数量同比下降2.6%，小型企业的生产人员数量小幅增加（同比增长0.8%）；中、小型企业

的技术人员数量都明显上升，同比分别增长 8.3% 和 8.9%。这一方面反映了中型企业的自动化升级速度较快，另一方面也与 2018 年中型企业主动收缩产能有关。

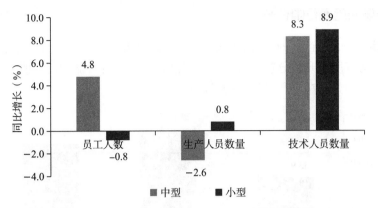

图 7-2 分规模蛋品加工企业员工人数同比增速

分区域看，东部地区蛋品加工企业的员工人数增幅最大（同比增长 3.1%），其中技术人员数量增幅更为明显（同比增长 11.8%）；除了中部地区以外，其他地区企业生产人员数量都有不同程度的下降，东北地区下降最为明显（图 7-3）。这说明 2018 年经济较发达的东部地区产能扩张及技术升级更为明显。

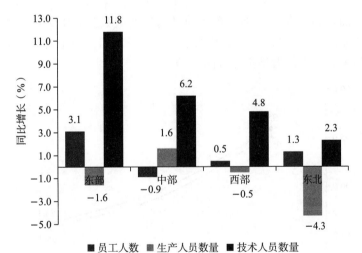

图 7-3 分区域蛋品加工企业员工人数同比增速

3. 从业人员工资 2018 年，规模以上蛋品加工企业从业人员人均工资 3.1 万元，同比增长 9.8%。分规模看，中型企业的人均工资增长最多，同比增长 21.4%；分区域看，西部地区的人均工资增长更为迅猛，同比增速达 39.3%。

（四）产业集中度稳中略降

2018 年，在经济下行压力下，较大规模企业收缩主营业务，而小规模企业进行产能扩张。受此影响，规模以上蛋品加工企业主营业务收入基尼系数为 0.476，与 2017 年同期（0.487）相比减少了 0.011，说明产业集中度稳中略微有降。

（五）产能利用率稳中有升

2018 年蛋品加工企业的产能利用率平均值约为 51.8%，产能利用率中位数为 51.6%，同比均有所提升。分规模看，小型蛋品加工企业的产能利用率明显高于中、微型企业，体现了小型企业在生产经营上的灵活性（图 7-4）。

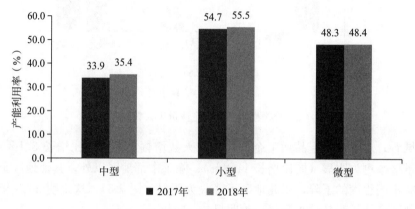

图 7-4　分规模蛋品加工企业产能利用率

在开工率方面，2018 年蛋品加工企业的平均生产天数为 301 天，生产天数中位数为 300 天，开工率为 90.5%，与 2017 年开工率（89.8%）相比稳中有升。分规模看，中型企业的开工率显著高于小、微型企业（图 7-5）。

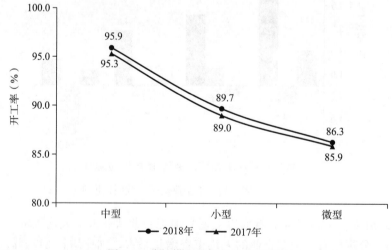

图 7-5　分规模蛋品加工企业开工率

（六）固定资产投资趋缓

2018 年，规模以上蛋品加工企业新增固定资产投资总额为 1.5 亿元，同比下降

13.5%；企业固定资产投资总额为 24.9 亿元，同比增长 5.2%。这说明蛋品加工业整体投资扩大再生产的意愿在 2018 年有所减弱。分区域看，仅东北地区固定资产投资总额上升较快，而东部地区几乎没有新增固定资产投资（图 7-6）。分规模看，中型企业的固定资产投资总额增长了 8.3%，而小型企业的固定资产投资总额仅增长了 3.5%。

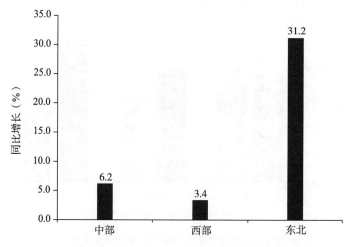

图 7-6　分区域蛋品加工企业固定资产投资总额同比增速

（七）电子商务活动重要性凸显

2018 年，规模以上蛋品加工企业开展电子商务占比 59.6%。数据显示，位于产业园区内的企业开展电子商务占比 67.4%，明显高于未入驻产业园区的企业比例（52.1%）。分规模看，中型企业开展电子商务的比例为 61.5%，与小型企业（60.8%）基本相当。

从电子商务收入看，2018 年，规模以上蛋品加工企业电子商务收入合计 3.1 亿元，占主营业务收入的 6.6%，比 2017 年提高 1.2 个百分点。分规模看，小型企业平均电子商务收入及其在主营业务收入中的占比均高于中型企业，说明小型企业更倾向于利用电子商务拓展营销渠道和生存空间（表 7-5）。

表 7-5　分规模蛋品加工企业电子商务收入情况

规模	主营业务收入（万元）	电子商务收入（万元）	平均电子商务收入（万元）	平均电子商务收入占比（%）
中型	188 492.3	3 427.86	489.7	1.8
小型	284 496.5	27 809.48	751.6	9.8

（八）农产品原料采购基地化程度提升

2018 年，规模以上蛋品加工企业中，仅有自建生产基地的企业 27 家，占规模以上蛋品加工企业的 28.7%；仅有订单生产基地的企业 9 家，占 9.6%；既有自建生产基地又有订单生产基地的企业 48 家，占 51.1%，而至少有其中一类基地的企业占比为 89.4%。

1. 原料生产基地分布　分规模看，13 家中型企业中，10 家有自建生产基地（占76.9％），9 家有订单生产基地（占 69.2％），至少有其中一类基地的企业有 11 家（占84.6％）；79 家小型企业中，63 家有自建生产基地（占 79.7％），47 家有订单生产基地（占 59.5％），至少有其中一类基地的企业有 71 家（占 89.9％）；2 家微型企业都有自建生产基地，其中 1 家有订单生产基地（图 7-7）。

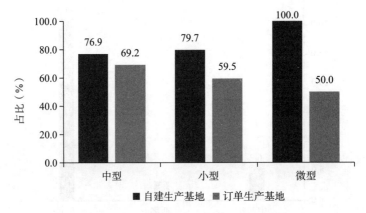

图 7-7　分规模蛋品加工企业基地分布情况

2. 原料采购　被调查蛋品加工企业通过自建和订单生产基地采购主要原料金额占主要农产品采购值的 26.4％。其中，中型企业 50.1％的原料采购值来自订单生产基地，而微型企业基本没有通过基地来进行原料采购（图 7-8）。

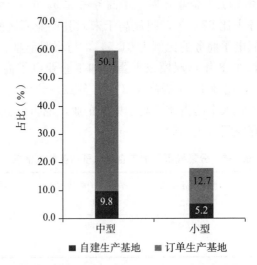

图 7-8　分规模蛋品加工企业基地原料采购情况

3. 基地建设和电子商务开展　规模以上蛋品加工企业中，有 51 家企业从事电子商务并且有自建或订单生产基地，占 54.3％。分规模看，中型企业中，"基地＋电子商务"企业 7 家，占 53.8％；小型企业中，"基地＋电子商务"企业 44 家，占 55.7％；被调查的微型企业均无"基地＋电子商务"模式。

（九）质量安全体系与品牌建设意识进一步增强

1. 质量安全体系建设情况 规模以上蛋品加工企业中，建有产品质量管理制度的企业占 94.7%，建有专门质检机构的企业占 74.5%，建有通过计量认证的质检机构的企业占 37.2%。通过 ISO 9000 系列认证的企业占 44.7%，通过 ISO 14000 系列认证的企业占 9.6%，通过 ISO 22000 系列认证的企业占 29.8%，通过 HACCP 质量体系认证的企业占 22.3%，通过 GMP 质量体系认证的企业占 8.5%。分规模看，在产品质量管理制度、专门质检机构方面，小型企业建设情况略优于中型企业；在通过计量认证的质检机构方面，中型企业略优于小型企业，而微型企业的质检机构缺乏这方面的认证（图 7-9）。此外，在 ISO 9000 等系列认证方面，中型企业的通过率要明显高于小、微型企业。

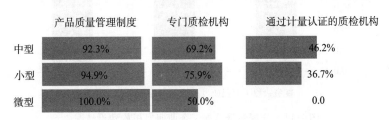

图 7-9 分规模蛋品加工企业质量管理建设情况

2. "三品一标"认证情况 规模以上蛋品加工企业中，获得"三品"认证的企业占 47.9%。其中获得有机农产品认证的企业占 4.3%，获得绿色食品认证的企业占 25.5%，获得无公害农产品认证的企业占 18.1%。此外，18 家企业获得中国地理标志产品认证，占规模以上调查企业的 19.1%。

3. 名牌产品、驰名商标品牌建设情况 规模以上蛋品加工企业中，获得中国名牌产品证书的企业占 24.5%，获得中国驰名商标的企业占 25.5%，获得省级名牌产品或驰名商标等品牌认证的企业占 38.3%。2018 年，共有 38 家企业获得省级以上名牌产品或驰名商标等品牌认证，占规模以上调查企业的 40.4%。分规模看，中型企业在品牌认证方面明显优于小型企业，而微型企业缺乏相关品牌认证（图 7-10）。

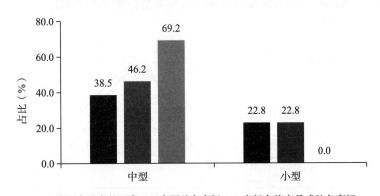

图 7-10 分规模蛋品加工企业品牌建设情况

（十）科技进步与创新力进一步增强

1. 科研机构建设情况　2018 年，被调查的规模以上蛋品加工企业中，建有专门研发机构的有 41 家，占规模以上蛋品加工企业数量的 43.6％。其中，8 家企业建有省级及以上研发中心，占建有专门研发机构企业数量的 19.5％。分规模看，中型企业研发机构建设，特别是省级及以上研发中心建设明显强于小、微型企业（图 7-11）。

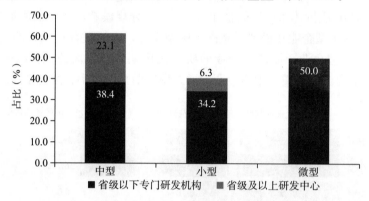

图 7-11　分规模蛋品加工企业研发机构建设情况

2. 技术人员规模略增　2018 年，蛋品加工企业技术人员数量的中位数为 6 人，平均数为 11 人，较 2017 年增加约 1 人。技术人员数量占员工总数的 5.7％，与 2017 年持平。分规模看，中型企业平均技术人员数量较多，为 21 人，较 2017 年增加 2 人。分区域看，中部地区平均技术人员数量最多，为 12 人；东部地区技术人员数量增长最快，较 2017 年增长 11.8％。

3. 研发投入强度同比提升　2018 年，蛋品加工企业研发投入强度为 1.241％，研发投入强度中位数为 0.239％，较 2017 年有所提升。其中，中型企业研发投入强度为 1.894％，小型企业研发投入强度为 1.032％，微型企业研发投入强度为 0.049％。中型企业研发投入强度明显高于小、微型企业，但小型企业研发投入强度增速较快。从研发投入经费看，中、小、微型企业平均研发投入经费分别为 436.7 万元、104 万元和 2.9 万元。此外，分登记类型看，股份有限公司的研发投入强度显著高于其他类型企业（图 7-12）。

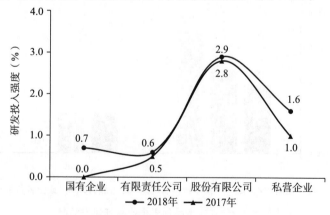

图 7-12　分登记类型蛋品加工企业研发投入强度

(十一) 主营产品出口额有所增长

2018 年，规模以上蛋品加工企业主营产品出口额较 2017 年增长 7.2%。分规模看，中型企业主营产品出口额同比增长 5.7%，小型企业主营产品出口额同比增长 11.5%。

(十二) 农业产业化龙头企业对农户带动作用增强

从平均主营业务收入增长情况看，2018 年，区县级龙头企业平均主营业务收入增幅最大，达 28.9%；市级龙头企业增幅也超过 10%；非龙头企业收入增幅最小（表 7-6）。这表明平均主营业务收入增长与企业级别间不存在明显的正相关关系。

表 7-6　分级别蛋品加工企业平均主营业务收入及同比增速

龙头企业级别	2018 年平均主营业务收入 （万元）	2017 年平均主营业务收入 （万元）	同比增长 （%）
国家级	41 617.0	38 777.1	7.3
省级	13 041.5	11 867.4	9.9
市级	6 945.5	6 178.0	12.4
区县级	3 729.5	2 893.0	28.9
非龙头企业	5 120.0	4 870.0	5.1

从平均利润增长情况看，国家级、省级和区县级龙头企业的平均利润在 2018 年均出现一定程度的下滑，同比分别下降 7.2%、4.8% 和 7.4%（表 7-7）。这表明平均利润增长与企业级别之间不存在明显的正相关关系。

表 7-7　分级别蛋品加工企业平均利润及同比增速

龙头企业级别	2018 年平均利润 （万元）	2017 年平均利润 （万元）	同比增长 （%）
国家级	3 699.4	3 990.4	−7.2
省级	693.2	728.1	−4.8
市级	526.0	506.8	3.8
区县级	87.5	94.5	−7.4
非龙头企业	900.0	850.0	5.9

从固定资产增长情况看，国家级龙头企业在 2018 年的固定资产增速明显高于省级、市级龙头企业，固定资产增速与企业级别之间存在一定正相关关系（表 7-8）。

表 7-8　分级别蛋品加工企业固定资产及同比增速

龙头企业级别	2018 年固定资产 （亿元）	2017 年固定资产 （亿元）	同比增长 （%）
国家级	6.4	5.7	11.3
省级	18.4	17.8	3.2
市级	0.1	0.1	−4.3

2018 年，企业采用合同联结、合作联结、股份合作联结以及其他方式累计带动农户 15.9 万户，同比增长 4%。其中，合同联结方式带动农户 9.3 万户，占比最高，达 58.5%；合作联结方式带动 3.8 万户，股份合作联结方式带动 0.2 万户，其他方式带动 2.6 万户（图 7-13）。合同联结方式仍是带动农户的主要方式。其他方式带动农户数量增长最快，其他方式、合作联结和合同联结方式带动农户数量同比分别增长 16.4%、8.6% 和 3.3%，股份合作联结方式带动农户数量同比下降 33.3%。

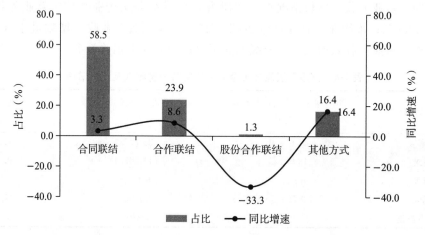

图 7-13 不同方式带动农户数量占比及同比增速

2018 年，企业反馈农户资金 2 亿元，同比增长 4.4%。其中，以合同溢价方式反馈资金 1.1 亿元，占比最高，达 55%（图 7-14）。

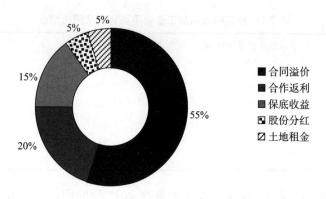

图 7-14 不同方式反馈农户资金占比

二、行业发展趋势特点

（一）行业总体呈现较快发展态势，经营效益得到部分改善

2018 年，全国规模以上蛋品加工企业主营业务收入呈现较快增长态势，尤其是小型蛋品加工企业的产能扩张明显；行业利润水平出现同比下降，这主要与原料、人工、包

装、运输等成本的上升有关。同时，亏损企业的亏损情况得到明显改善。蛋品出口贸易方面，经过过去两年近 50% 的大幅增长后，蛋品出口贸易增速有所下降（13.2%）。

（二）供需两端的阶段性失衡导致原料蛋价格先低后高

原料蛋价格波动是影响蛋品加工生产和利润的关键因素之一。2018 年原料蛋价格呈现先低后高的走势。上半年，原料蛋价格整体低迷，自春节后维持在 1.5～1.8 元/千克的价格低位运行。下半年，由于蛋鸡存栏量低，供应端持续偏紧，而需求端在 7、8 月进入传统的季节性回暖阶段，多数食品厂为中秋节先行备货，在产能不济的情况下，消费端大幅回升，致使原料蛋价格一路攀高至近 2.5 元/千克。年末，在非洲猪瘟持续发酵影响下，鸡蛋消费刺激性增长，鸡蛋现货价格持续围绕 2 元/千克运行。2018 年全国平均原料蛋盈利为 0.4 元/千克，较 2017 年同期增长 433.3%[①]。拥有自营养殖基地的大、中型蛋品加工企业能够以比较稳定的价格获取原料蛋，而小型企业的生产经营活动往往会受到原料蛋价格波动的影响，抗风险能力较弱。

（三）原料蛋品质监管进一步提升

蛋品安全问题主要与原料蛋中的农残、药残有关。2018 年，氟虫腈检测超标引发的所谓"毒鸡蛋"事件席卷了欧洲 16 个国家，让不少人对蛋品安全问题忧心忡忡。2018 年 4 月 20 日，农业农村部发布了《兽用抗菌药使用减量化行动试点工作方案（2018—2021 年）》，标志着兽用抗菌药使用减量化行动正式启动，该方案还明确了各地兽用抗菌药使用减量化行动试点养殖场数量。这一重要举措有望切实提升我国蛋品质量安全水平，促进蛋品加工业健康可持续发展。

（四）新型蛋制品供需两旺，企业竞争加剧

2018 年，破壳加工的蛋制品（如液体蛋、蛋粉等）行业总体呈现供需两旺势头。以液体蛋、蛋粉等蛋制品替代壳蛋作为食品配料来源的趋势进一步增强，壳蛋加工转化比例进一步提升。新型蛋制品加工企业发展较为迅速，加工量大约在 20 万吨，尤其是东部地区烘焙、餐饮等行业快速发展，带动液体蛋、蛋粉等新型蛋制品占比提升。此外，伴随着消费升级，2018 年，蛋基食品（以鸡蛋作为基础配料制作而成的各种食材、预制食品）得到快速发展，丰富和扩大了蛋制品的种类和应用空间，也将是未来蛋品加工企业谋求产品创新的着力点。

伴随着需求的不断提升，新型蛋制品加工业也成为行业投资热点之一，液体蛋规模加工企业以年增 4～5 家的速度扩张。但受原料鸡蛋价格在 2018 年下半年持续高位运行的影响，以及部分企业在资本推动下的市场份额争夺，新型蛋制品加工企业的盈利能力开始出现大幅下降。由此迫使大型液体蛋制品加工企业在产能扩张上更加趋于理性，差异化定位逐渐彰显，不同企业在细分市场、产品定位以及生产规模等方面的选择已开始出现分化。随着国内餐饮连锁、中央厨房的快速发展，消费者对方便、稳定、安全的预制食品的需求在增加。

---

① 数据来源：峪口禽业。

（五）传统蛋制品结构分化，发展势头良好

以鸭蛋为原料的传统蛋制品主要是皮蛋和咸蛋黄。2018 年，皮蛋加工行业整体平稳，其 C 端销售出现一定下滑，主要原因是消费者对于其安全性的担忧和皮蛋在食用方便性上的不足；皮蛋的 B 端销售有所提升，主要应用于餐饮服务业。咸蛋黄的需求在 2018 年快速增长，成为年度网红产品之一，其应用空间大幅拓展，除了月饼等传统食品以外，咸蛋黄还在饭团馅料、烧烤蘸料、风味饼干、各式菜肴中得到广泛应用。咸蛋黄产品的快速走红带动整个传统蛋品加工业从粗放型向品质化的方向转型发展。在传统鸭蛋加工领域，规模化、品质化发展的企业以及一些虽然规模较小但致力于精细化、区域化发展的企业在 2018 年都得到了较好发展。在技术驱动的背景下，以卤蛋等调味蛋制品为主的传统鸡蛋加工行业，在生产能力、产品品质与多元化等方面都得到了长足发展。目前卤蛋等调味蛋制品加工已成为大型蛋鸡养殖企业的标配之一。

（六）传统蛋品加工企业的现代化、信息化、智能化改造步伐加快

2018 年，通过与烘焙企业、国际商超的合作，部分独具发展眼光的传统蛋品加工企业拓展了产品营销渠道，进而倒逼其在生产环节标准化、机械化、规模化的基础上进行智能化改造。大型蛋鸡养殖企业、蛋品加工企业和蛋品流通企业都围绕"互联网＋金融＋鸡蛋产业"模式开展合作与博弈。"互联网＋"的产业模式不仅给交易多方带来了便利，而且能够建立互信互惠机制，进行大数据的挖掘和共享，使得多方更加了解市场、更好把控产品品质。在禽蛋的生产与加工环节进行环境监控系统、物料配给系统以及可视化监测系统的智能化升级，从而实现生产环节的预警、无缝溯源和智能控制。智能化的系统还将与消费者和市场连接，作为实现新零售终端连接的基础，进一步推动传统蛋品加工业的融合发展。

三、重要政策及热点事件

（一）原料蛋中抗生素及农残超标仍是首要关注问题

2018 年，黑龙江、安徽、江西、北京等地相继在鲜鸡蛋中检出恩诺沙星、氟苯尼考超标。尽管近年来规模化养鸡场管理不断完善，兽用抗菌药使用减量化行动深入推广，但如何保证原料鸡蛋的安全问题依然是蛋品加工业的头等大事。

（二）美国拟修改蛋制品相关标准，出口型蛋品加工企业需密切关注和应对

2018 年初，美国农业部就拟修改蛋制品检验法规发布通报。主要内容包括：要求蛋制品加工厂建立实施危害分析和关键控制点（HACCP）系统及卫生标准操作程序（SOPs），并满足肉与家禽法规的其他卫生要求；拟取消当前不符合 HACCP、SOPs 的监管规定；要求即食蛋制品中无致病菌检出等。其中一些规定未考虑到我国传统蛋制品的特殊性，例如通报中规定，"蛋品温度及标签要求：所有已包装且最终用于消费的蛋品要求

在 7.2℃以下进行储存和运输""所有已包装且最终用于消费的蛋品在标签上需注明冷藏"。通常情况下，熟咸蛋是密封在真空袋中再进行高温杀菌，属于软包装罐头类即食食品，不需冷藏储存和冷链运输。皮蛋经过强碱腌制，微生物无法在强碱中生存和繁殖，因此也不需做冷藏处理。我国的传统蛋制品在储藏和运输条件方面具有以上特点，与通报中的新法规要求存在差异。

（三）技术、资本双引擎驱动，促进蛋品加工企业做大做强

2018 年，由湖北神丹健康食品有限公司与华中农业大学共同承建的首个蛋品加工重点实验室正式揭牌，这标志着我国蛋品加工业正朝着汇聚高水平科技人才、开拓蛋品科技创新的道路快速发展。同时，国家重点研发计划"方便营养型蛋制品绿色加工关键技术研究及开发"也正式获批，进入实施阶段。这些都将有利于蛋品加工业不断提升科技创新水平、丰富产品种类、迎合新时代背景下的消费升级需求。此外，蛋品加工企业也正试图借助资本市场推动行业整合、促进企业做大做强，例如主要从事蛋液、蛋粉生产的苏州欧福蛋业股份有限公司等企业正在筹备境内上市。

四、面临的主要问题与挑战

（一）液体蛋产能扩张迅猛但创新乏力，易引发低水平恶性竞争

2018 年蛋价指数处于相对高位，高蛋价提高了蛋品加工企业成本，有利于企业开发新的客户，企业的产能利用率有所提高，销量也显著增加。但由于国内液蛋加工企业发展较快，同时几家大型液蛋加工企业在增加生产线，导致市场竞争压力加剧，价格战频发，老厂产能利用不足与新厂开工难问题并存。因此，2018 年液蛋加工行业总体呈现增量不增收的局面，预期未来一段时间内还会保持这一态势。在此前提下，产能的相对过剩还会继续，甚至存在劣币驱逐良币的问题，未来可能出现一些蛋品加工企业"未达产即已被整合"的现象。目前，缺乏真正可做增量的新产品、新应用，行业创新能力匮乏是亟待解决的关键问题。

（二）尚需加大宣传力度，促进我国传统蛋制品走出国门

在出口贸易方面，传统蛋制品是最有潜力和空间走向国际市场的产品种类。目前，已有多家蛋品加工企业通过了欧盟食品安全认证，近两年的出口量也快速增加。然而传统蛋制品的国际化之路还急需在更广范围进行导向性宣传和推介，排除海外消费者对中国传统蛋制品的诸多误解，从饮食文化的角度树立我国传统蛋制品的新形象，促进其对外贸易。

（三）原料安全检测成本高，不利于企业加强质量管理

蛋品的安全性问题主要发生在原料端，而对兽药残留的检测费用相对较高，给企业带来较大负担。政府需要在企业的原料蛋检测方面提供一定补贴，支持蛋品加工企业加大对原料蛋中农残、药残的检测力度，促进重视蛋品质量安全的良心企业更好地发展。此外，

蛋鸡养殖的疫病防控、疫苗品质管理和保险补贴也是保证蛋品质量的重要环节，急需政策支持。

（四）急需修改相关蛋品标准

在美国等发达国家，液体蛋产品中通常会添加一些食品添加剂以增强相关食品特性和延长保质期，而我国现行的相关标准尚不允许液体蛋产品中添加任何添加剂，严重影响了我国液体蛋产品的进一步发展。拟定和修改相关标准，拓宽食品添加剂在蛋品中的应用，既可以有效避免蛋品加工企业无标准私加、乱加的现象，也有助于蛋品配料的创新开发。

第八章 / 水产品产业发展情况

水产品加工业是我国食品工业的重要组成部分，是渔业生产的延续，是连接渔业生产和消费的纽带，也是连接渔民与市场的中坚力量。因此，水产品加工业不仅关乎"三农"和民生保障，而且在整个国民经济发展中亦具有不容小觑的重要价值。与此同时，水产品营养齐全、品质优良，是人类获取优质动物蛋白和脂肪酸的重要来源。当前我国水产品加工业的发展问题，不仅关乎人民生活水平的提高、海洋产业结构的调整问题，而且还对食品安全问题、海洋强国目标的实现等产生举足轻重的影响。历史上看，发展方式粗放、精深加工少、品牌缺乏竞争力等弊病一直掣肘我国水产品加工业的纵深发展，成为其转型升级的束缚。如何提高水产品的加工效率、增加水产品加工企业的经营收入，最终促进整个水产品加工业的集约化可持续发展，已经成为政府有关部门、行业协会、水产品加工科研人员以及企业实践领域共同关心的热点问题。鉴于此，本次调查通过系统填报方式对国内主要水产品加工企业展开调研，了解企业生产经营现状，归纳企业发展优势与短板，总结相应对策和建议，推动水产品加工业转型升级。

一、样本企业运行情况

（一）样本企业构成

1. 水产品加工企业主要集中在东部地区　据《中国渔业统计年鉴》数据统计，2018年全国水产品加工企业共计 9 336 家，其中，东部地区 7 272 家，占全国水产品加工企业总数的 77.9%。从加工种类看，山东地区以海水产品来进料加工企业为主，江苏主要以紫菜、贝类加工出口和淡水产品国内消费为主，广东以罗非鱼、对虾等加工出口企业为主。

本次调查以 510 家规模以上企业为重点样本进行分析，企业数量占调查企业总数的 86.4%。其中，东部地区企业数量占调查企业总数的 71.4%，中部、东北和西部地区分别占 12.2%、10.6% 和 5.9%，与《中国渔业统计年鉴》中加工企业分布情况基本吻合（图 8-1）。东部地区一般为沿海省（自治区、直辖市），具备发展渔业得天独厚的自然条件，加上工业基础雄厚，有消费水产品的习惯，自古以来就是水产品主要生产和消费地。尤其 20 世纪 90 年代，青岛、大连等地凭借港口和劳动力优势，大力发展来进料加工业，成为我国现代水产品加工业的基础和重要支撑。虽然近年来，随着国内生产要素成本增加和国际贸易增速放缓，来进料加工业呈现萎缩态势，但其为企业转型升级打下了坚实基础，东部地区水产品加工企业在规模、技术、品牌意识等方面都在全国遥遥领先。

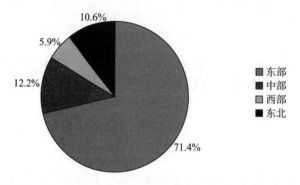

图 8-1　水产品加工企业区域分布情况

2. 水产品加工企业以小型企业为主　参与本次调查的企业中，大型企业和微型企业相对较少，企业规模大多属于中、小型，接近于"中间大，两头小"的橄榄型分布。其中，小型企业占本次调查样本总量的 62.9%（图 8-2）。

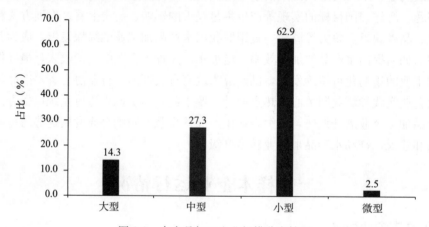

图 8-2　水产品加工企业规模分布情况

3. 龙头企业支持政策带动作用明显　从龙头企业级别看，本次调查企业多数为省级、市级龙头企业，占比分别为 44.9% 和 37.1%，合计占比达到 82%（图 8-3）。国家级龙头

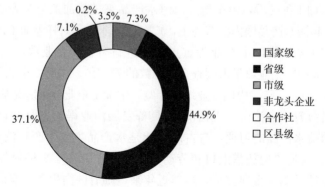

图 8-3　水产品加工业龙头企业级别分布情况

企业和非龙头企业占比相对较少。省级、市级龙头企业占比超八成，表明各地政府对龙头企业的扶持政策起到了引领带动作用，推动了水产品加工企业的集约化发展。

（二）主营业务收入和利润实现增长

2018 年，参与本次调查的水产品加工企业累计完成主营业务收入 1 213.3 亿元，同比增长 5.2%；平均每家水产品加工企业完成主营业务收入 2.4 亿元；平均主营业务收入中位数为 1.1 亿元，同比增长 3.7%。累计实现利润总额 79.1 亿元，平均每家水产品加工企业实现利润额 1 585.5 万元，同比增长 11.9%。

分区域看，2018 年，东部地区企业主营业务收入和利润均领先，中、西部地区具有较大发展潜力，各地区水产品加工企业平均主营业务收入和平均利润均保持增长（表 8-1、图 8-4）。东部地区企业经营情况最好，平均主营业务收入及平均利润均高于其他地区。从增长潜力上看，中、西部地区表现优异，其中西部地区企业平均主营业务收入同比增幅（8.3%）显著高于其他地区，中部地区企业平均利润同比增幅（21.1%）显著高于其他地区。近年来，随着居民生活水平提高和人口流动加快，中、西部地区水产品消费快速增长，加工类产品尤其是餐前预制品便于烹饪，符合快节奏生活习惯，具有很大发展空间。

表 8-1　分区域水产品加工企业平均主营业务收入及利润情况

单位：万元

地区	平均主营业务收入	平均利润
东部	27 557.2	1 814.3
中部	21 296.9	1 370.9
西部	13 878.5	1 025.3
东北	11 646.2	601.7

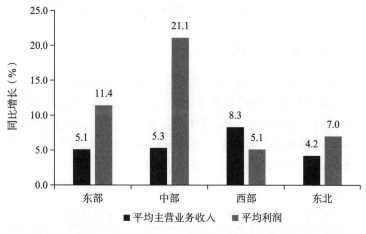

图 8-4　分区域水产品加工企业平均主营业务收入及利润同比增速

分规模看，大型企业发展稳定，微型企业快速崛起（表 8-2、图 8-5）。2018 年，大型企业的平均主营业务收入增幅最大，微型企业紧随其后，同比分别增长 12.3% 和 11.1%。大型企业资金充沛，人员素质整体较高，有实力在科研、品牌推广等方面增加投入，因此发展后劲总体强于中、小型企业，其平均主营业务收入和平均利润均远高于中、小型企业。从利润情况看，微型企业平均利润同比增幅最大，达到 50.6%，远高于其他类型企业。这说明当今社会快速发展，消费形态不断变化，在国家大力支持创业的大环境下，一些创业小、微型企业表现出强大的爆发力。创业思维、经营灵活、"船小好掉头"、组织惰性较低等特点是小、微型企业具有旺盛生机和活力的法宝。

表 8-2　分规模水产品加工企业平均主营业务收入及利润情况

单位：万元

规模	平均主营业务收入	平均利润
大型	132 646.1	8 336.6
中型	29 786.0	2 026.7
小型	10 408.0	623.4
微型	10 909.3	1 996.2

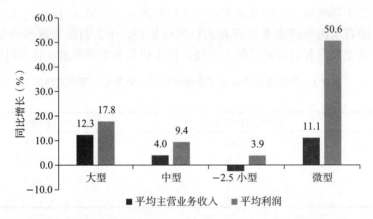

图 8-5　分规模水产品加工企业平均主营业务收入及利润同比增速

（三）固定资产投资额增速下降

2018 年，270 家水产品加工企业固定资产投资总额（剔除异常值后）为 228.9 亿元，同比增长 7.9%；当年新增固定资产投资额 16.9 亿元，同比下降 24.9%。

分区域看，2018 年，东部地区固定资产投资额领先，西部地区固定资产投资额增长速度喜人（表 8-3）。东部地区企业固定资产投资额是其他地区投资额总和的 3.1 倍，表明东部地区水产品加工业处于难以撼动的地位。从固定资产投资额增速看，西部地区固定资产投资额同比增长 39.6%，表现出强劲的增长势头，符合当前西部地区发展和消费趋势。

表 8-3　分区域水产品加工企业固定资产投资额及同比增速

地区	固定资产投资额（亿元）	同比增长（%）
东部	172.7	5.3
中部	30.9	16.8
西部	9.7	39.6
东北	15.6	6.0

分规模看，大型企业固定资产投资额增长快，微型企业投资谨慎。大型企业固定资产投资额增速为14.3％，即在原有较高规模投资基础上增长也最快，说明企业发展势头良好，有继续做大做强的趋势（图8-6）。微型企业投资意愿低，固定资产投资额同比负增长（－8.2％），这与微型企业本身资金有限，更崇尚轻资产、重管理理念有关。

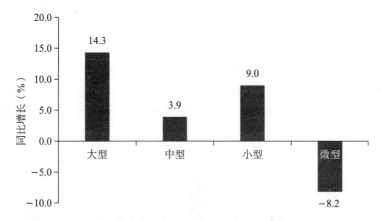

图8-6 分规模水产品加工企业固定资产投资额同比增速

（四）从业人员数量下降

2018年，被调查企业员工总人数为21.9万人，平均每家水产品加工企业员工人数435人，同比下降2.3％。从企业人员分布看，员工人数在51～650人的企业占69.1％。员工人数在151～250人的企业占17.5％，占比最高；10人及以下的企业仅占0.6％（图8-7）。这说明水产品加工业仍然是劳动密集型产业，为解决劳动力就业问题做出了巨大贡献。从人员组成来看，被调查企业生产人员总人数为15.6万人，平均每家水产品加工企业生产人员数314人，同比下降3％；技术人员总人数为1万人，平均每家企业技术人员数26人，同比增长3.9％。

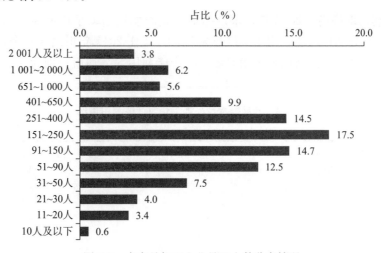

图8-7 水产品加工企业员工人数分布情况

分区域看，东部地区企业员工人数最多，同比有所下降（图 8-8）。所有地区中，仅中部地区员工人数同比略有增加，其他地区员工人数均呈下降态势。其中，中部地区企业员工人数同比增长 1.1％，东部、西部和东北地区企业员工人数同比分别下降 2.6％、3.1％和 3.5％。企业员工人数总体呈下降趋势的原因主要有两方面：一是加工机械自动化水平的提高替代了一部分劳动力；二是水产品加工业从业人员年龄偏大，很多年轻人不愿承受时间长、低温、高强度的工作环境。东部、中部和东北地区水产品加工企业的生产人员数变化趋势与员工总人数变化趋势类似，东部和东北地区生产人员数同比均下降 3.5％，中、西部地区生产人员数分别同比略增 0.6％和 0.3％。与生产人员情况不同，各地区技术人员数均呈增长态势，东部、中部、西部和东北地区企业技术人员数同比分别增长 3.7％、7.1％、0.6％和 5.0％，说明企业更加注重技术创新。

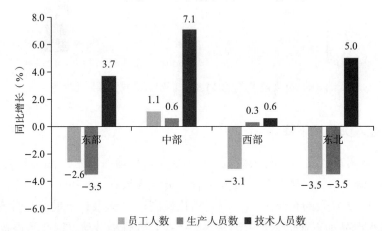

图 8-8　分区域水产品加工企业员工人数同比增速

（五）产能利用率和开工率

1. 产能利用率提高　2018 年，水产品加工业产能利用率平均值为 41.3％，比 2017 年提高 2.5 个百分点；产能利用率中位数为 38.8％，比 2017 年提高 3.6 个百分点。分规模看，大、微型企业产能利用情况相对较好，产能利用率平均值分别为 50.1％和 55.3％（表 8-4）。

表 8-4　分规模水产品加工企业产能利用情况

单位：％

规模	2017 年产能利用率平均值	2018 年产能利用率平均值	2017 年产能利用率中位数	2018 年产能利用率中位数
大型	46.5	50.1	49.4	51.1
中型	37.0	38.7	34.4	35.5
小型	38.7	40.9	34.3	38.8
微型	43.6	55.3	42.0	68.1

2. 企业开工率略有下降　2018 年，参与本次调查的规模以上水产品加工企业平均生产天数为 276 天，生产天数的中位数为 300 天，平均生产天数占全年天数（满负荷天数）的 82.9%，企业开工率较 2017 年下降 0.4 个百分点。分规模看，大型企业开工率超过90%，且较 2017 年提高 0.5 个百分点；中、小、微型企业开工率均较 2017 年有所下降，微型企业开工率相对较低，业务量不足（表 8-5）。

表 8-5　分规模水产品加工企业开工情况

规模	2018 年开工天数（天）	2017 年开工天数（天）	2018 年开工率（%）	2017 年开工率（%）
大型	306.1	304.3	91.9	91.4
中型	286.3	287.0	86.0	86.2
小型	270.1	271.4	81.1	81.5
微型	209.7	229.5	63.0	68.9

（六）产业化龙头企业带动效应

1. 龙头企业对农户的带动　国家级、省级与市级龙头企业对农户的带动方式具体包括合同联结、合作联结、股份合作联结方式及其他方式。其中，国家级与省级龙头企业对农户的带动方式均主要为合同联结，市级龙头企业则主要通过其他方式对农户产生积极效应（图 8-9）。

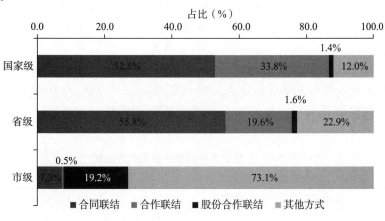

图 8-9　分级别水产品加工业龙头企业带动农户情况

从带动效果看，合同联结方式辐射带动农户的作用最为明显，2018 年带动农户 64.4万户，同比增长 11.8%；合作联结方式次之，带动农户 31 万户，同比增长 43.5%（表 8-6）。两种方式的带动效应均较 2017 年有所提升，彰显了龙头企业对普通农户的引领带动作用，有利于乡村振兴工作的全面推进。

表 8-6　不同方式带动农户数及同比增速

带动方式	带动农户数（万户）	增速（%）
合同联结	64.4	11.8

（续）

带动方式	带动农户数（万户）	增速（%）
合作联结	31	43.5
股份合作联结	1.9	0
其他方式	21.6	−9.6

2. 多种方式的资金反馈　2018 年，各级别企业反馈农户资金约 28 亿元，同比下降 0.8%。其中，企业通过合同溢价的方式对农户反馈 19.2 亿元，居所有资金反馈方式之首，真正发挥了对农户的辐射带动作用；更多企业通过股份分红的方式带动农户增收，该方式反馈资金同比增长 44.4%（表 8-7）。

表 8-7　不同方式反馈农户资金情况

反馈方式	反馈资金（亿元）	增速（%）
合同溢价	19.2	−1.0
合作返利	3.9	0
保底收益	1.9	−24.0
股份分红	1.3	44.4
土地租金	1.8	0

分龙头企业级别看，国家级龙头企业的反馈强度最大，省级次之，真正发挥了引领带动作用（表 8-8）。相较于 2017 年，国家级龙头企业保底收益方式反馈资金降幅较大，其他四种渠道均变动不大（表 8-9）。而省级龙头企业股分分红方式反馈资金同比增加 80.2%，外溢效应明显，但其他四种方式反馈资金出现微量下滑。变化最为明显的是市级龙头企业，以合同溢价方式反馈的资金是 2017 年同期的 10 倍以上，可能是因为市级龙头企业更加接地气，与基层农户的联结更加密切，让惠民的利益转移分配更加凸显。

表 8-8　分级别龙头企业反馈方式及金额

单位：万元

龙头企业级别	合同溢价	合作返利	保底收益	股份分红	土地租金
国家级	1 253.5	371.2	376.2	87.4	324.9
省级	628.4	112.0	26.0	45.7	27.1
市级	406.2	18.8	0	0	18.8

表 8-9　分级别龙头企业反馈方式及金额同比增速

单位：%

龙头企业级别	合同溢价	合作返利	保底收益	股份分红	土地租金
国家级	−0.3	2.0	−30.0	3.9	3.9
省级	−4.8	−0.5	−1.5	80.2	−4.3
市级	1 081.8	−9.1	—	—	0

（七）质量安全与品牌建设

1. 质量安全建设基本情况　从质量管理体系建设看，被调查的规模以上水产品加工企业中，建有产品质量管理制度的企业 438 家，占 85.9％；建有专门质检机构的企业 356 家，占 69.8％；建有通过计量认证的质检机构的企业 169 家，占 33.1％（表 8-10）。通过 ISO 9000 系列认证的企业占 43.3％，通过 ISO 14000 系列认证的企业占 14.9％，通过 ISO 22000 系列认证的企业占 35.1％。结果表明大部分企业都很重视产品质量方面的管理，这有利于引导整个行业规范化发展，保障水产品质量安全，增加消费者信任度。

表 8-10　水产品加工企业质量安全体系建设情况

项　　目	企业数量（个）	占比（％）
建有产品质量管理制度	438	85.9
建有专门质检机构	356	69.8
建有通过计量认证的质检机构	169	33.1
ISO 9000 系列认证	221	43.3
ISO 14000 系列认证	76	14.9
ISO 22000 系列认证	179	35.1
HACCP 质量体系认证	308	60.4
GMP 质量体系认证	91	17.8

2. 品牌建设情况　2018 年，被调查的规模以上水产品加工企业中，获得中国名牌产品证书的 92 家，占 18％；获得中国驰名商标的 99 家，占 19.4％；获得省级名牌产品或驰名商标等品牌认证的 183 家，占 35.9％。被调查企业中 189 家获得省级以上名牌产品或驰名商标等品牌认证，占规模以上水产品加工企业的 37.1％。由此可知，被调查企业对品牌、商标建设重视程度比较高，注重品牌等无形资产对产品附加值的影响，有助于企业升级转轨、向高精尖方向迈进。

分规模看，大型企业对品牌建设投入了更多关注，获得中国名牌产品证书、中国驰名商标、省级名牌产品或驰名商标的企业占比分别为 45.9％、54.1％和 73.0％，远远超过其他规模企业；小、微型企业品牌建设稍微落后，获得品牌认证的企业占比不足三成（图 8-10）。结果表明，四种规模的企业在品牌建设方面均取得了一定成效，但同时也存在进一步提升的空间。

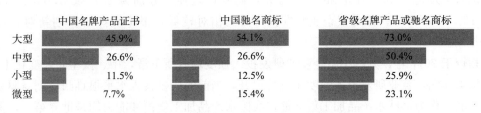

图 8-10　分规模水产品加工企业品牌建设情况

3. 超六成企业未获得"三品"认证 近两年，国内水产品加工企业对产品质量安全以及品牌认证等都进行了有益的探索，也取得了一定成效，但企业"三品"认证比例仍较低。被调查的规模以上水产品加工企业中，获得有机农产品认证的企业只有 39 家，占 7.6％；获得绿色食品与无公害农产品认证的企业分别有 51 家和 98 家，占 10.0％和 19.2％（图 8-11）。相较之下，均未获得上述三种认证的企业有 322 家，占 63.1％。

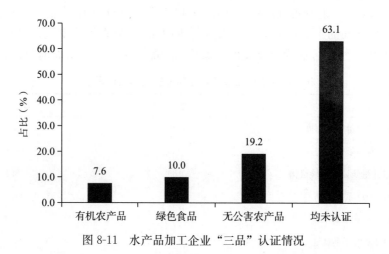

图 8-11　水产品加工企业"三品"认证情况

分规模看，大型企业通过"三品"认证的比例较高，占 43.2％。企业规模越小，获得认证的比例也越低。中、小型企业通过"三品"认证的占比分别为 39.6％和 35.2％，微型企业通过"三品"认证的占比仅为 30.8％。这表明企业对绿色化程度的重视不够，需要进一步推进产品的绿色化、有机化，走可持续发展的道路。

（八）科技创新驱动不足

在创新投入方面，各规模企业均有一定的科研投入，对研发工作有所关注。但研发资金的投入尚显不足，难以有效发挥创新驱动产业发展的积极效应。根据我国对高新技术企业的认定要求，年销售收入小于 5 000 万元（含）的企业，研发投入比例不低于 5％；年销售收入在 5 000 万元至 2 亿元（含）的企业，比例不低于 4％；年销售收入在 2 亿元以上的企业，比例不低于 3％。从调查数据看，2018 年，被调查企业研发投入共计 17.6 亿元，平均每家企业研发投入 346 万元，平均研发投入强度为 1.384％，研发投入强度中位数为 0.274％。分规模看，大、中、小、微型企业平均研发投入经费分别为 2 825.4 万元、327.4 万元、89.5 万元和 10.1 万元，研发投入强度分别为 2.1％、1.0％、0.8％和 0.1％（图 8-12）。各类型企业研发投入占比相对较低，很难发挥研发创新对企业的驱动作用。

相较于 2017 年，大、小型企业的研发投入强度均有所下滑，中、微型企业变化不大。调查结果表明，企业研发投入强度还有待提升，当前的研发投入水平很难凸显创新驱动发展的价值。作为全球水产品加工集散地，我国水产品加工规模和能力均是世界第一，但我国水产品加工业在技术创新和产品创新方面并无太大优势，多数企业核心加工设备仍以进

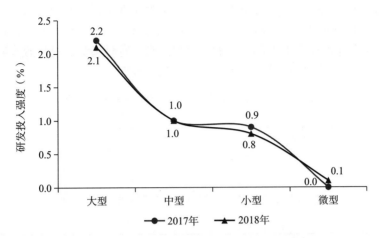

图 8-12　分规模水产品加工企业研发投入强度变化

口为主，产品也以初级产品为主。当前，全球水产品贸易趋于饱和，美国单方面挑起贸易摩擦，水产品加工出口面临较大挑战，同时，国内消费升级倒逼产业转型升级。在此大环境下，企业应该更加注重科技在提升市场竞争力中的推动作用，加大科研投入和对科技型人才的资金配置，创造更好的研发软环境和硬件基础。

（九）基地建设与产业融合

1. 基地建设情况　2018 年，被调查的规模以上水产品加工企业中，仅有自建生产基地的企业 75 家，占 14.7%；仅有订单生产基地的企业 42 家，占 8.2%；既有自建生产基地又有订单生产基地的企业 233 家，占 45.7%；至少有其中一类基地的企业占比为 68.6%。

分规模看，随着企业规模的增大，有自建生产基地的企业占比逐渐上升，大型企业有自建生产基地的占比接近八成，表明大型企业越来越重视原料端的品质安全（表 8-11）。中、小和微型企业对上游原料供应商的依赖度仍较高，需进一步加强基地建设。

表 8-11　分规模水产品加工企业基地建设情况

单位：%

规模	至少有一类基地占比	自建生产基地占比
大型	83.8	78.4
中型	74.1	61.9
小型	64.8	57.9
微型	61.5	53.8

2. 原料采购渠道　2018 年，水产品加工企业通过自建和订单生产基地采购主要原料金额占主要农产品采购值的 43.3%。分规模看，自建生产基地采购值占比普遍不高，大、中、小型企业订单生产基地采购值的占比均高于自建生产基地（表 8-12）。尤其是小型企业的自建生产基地采购值占总采购值的比例更低。微型企业既没有自建生产基地，也没有

订单生产基地，表明上游供货渠道极不稳定。各类型企业即便自建与订单生产基地采购值之和的占比也达不到理想水平。从整个产业链的视角来看，企业已经有一定数量的自建生产基地以及订单合作伙伴，但外部采购的比例仍过高，这种情势容易导致在特殊时期或发生异常事件时原材料供货出现风险，不利于企业稳定经营。

表 8-12　分规模水产品加工企业基地原料采购情况

单位：%

规模	自建生产基地采购值占比	订单生产基地采购值占比	合计占比
大型	15.1	50.1	65.2
中型	11.6	29.5	41.0
小型	6.7	13.1	19.9
微型	0	0	0

3. 基地建设和电子商务开展　2018 年，被调查的水产品加工企业中，有 165 家开展电子商务并且有自建生产基地（或者订单生产基地），占规模以上水产品加工企业的 32.4%。从企业规模看，大型企业开展电子商务并有基地的占比最多，为 62.2%；中型企业占比为 34.5%；小、微型企业占比则不足三成，分别为 28.3% 和 23.1%。

（十）国际化经营情况

水产品加工企业在经营方面开始拓宽国际化视野，在利用外资、延伸国外市场以及对外投资等方面都展开了尝试。但在国际市场竞争中，水产品加工企业存在产业链一体化程度偏低、各环节协同不够紧密等问题，难以发挥协同效应。后续发展中，水产品加工企业更应注重以自身为中心，向上下游产业链条延伸，打造一体化产业链，真正做到以全产业链为整体，参与到市场竞争中，力求企业发展的同时，辐射带动整个行业向前推进。

1. 企业出口经营情况　280 家被调查企业报告了主营产品出口额，其中 189 家企业 2018 年出口额为正值，较 2017 年增加 5 家。2018 年主营产品出口总额 68.7 亿元，比 2017 年增加 1.1 亿元，同比增长 1.5%。

2. 利用外资情况　2018 年，被调查的水产品加工企业实际利用外资额 6.3 亿元，比 2017 年增加 1.4 亿元，同比增长 28.6%。分规模看，中、小型企业利用外资额大幅增加，同比分别增长 28.9% 和 47.9%；大型企业利用外资额小幅下降（1.6%），微型企业利用外资额同比持平。

3. 对外投资情况　2018 年，被调查的水产品加工企业对外投资总额为 7 亿元，同比增长 6.2%。分规模看，大、中型企业对外投资额略有增长，同比分别增长 0.6% 和 1.5%；小型企业增幅明显，同比增幅达 228.3%，说明小型企业有进一步扩大海外市场的动力和优势。

二、面临的主要问题与挑战

2018 年，我国渔业聚焦高质量发展，坚持以渔业供给侧结构性改革为主线，坚持提质增效、减量增收、绿色发展、富裕渔民的目标，渔业改革不断深化，体制机制不断创新。其中，2018年3月农业部印发《关于实施农产品加工业提升行动的通知》，部署在全国开展农产品加工业提升行动，推动产业结构布局不断优化，创新能力显著增强，质量品牌明显提升。2018年10月，农业农村部在大连召开全国渔业一二三产业融合发展工作现场会，同期召开2018年中国水产品加工大会，水产品加工业发展受到越来越多关注。但同时国内外发展环境更加复杂，中美贸易摩擦对水产品出口产生较大影响，国内生产要素成本提高、市场竞争力加大等因素都制约着水产品加工业的进一步发展。

（一）产品供大于求问题十分突出

2018年国际贸易形势复杂多变，国内市场竞争日益激烈，部分产品供大于求问题凸显。随着环保要求常态化，以及消费者对高品质产品需求的持续增加，以追求产量为主要目标的粗放型发展模式已难以为继，满足消费者个性化需求的产品供销两旺。2018年小龙虾持续火爆，挪威三文鱼、加拿大北极甜虾等进口产品在各种营销活动的带动下不断掀起新的消费高潮，各类冻鱼片产品也逐步获得国内消费者的认可。但从国内水产品价格看，草鱼、鲤鱼、罗非鱼等价格持续低迷，石斑鱼价格跌至历史低谷，产品供大于求问题十分突出。

（二）国际贸易形势错综复杂，水产品加工业面临前所未有的挑战

出口贸易是带动我国水产品加工业发展的重要因素，美国是我国重要的水产品贸易伙伴，我国对美国出口水产品长期维持在55万吨左右，占我国水产品出口总量的13%左右。进口量2011年最高峰时曾达到近64万吨，后面虽有所波动但也均维持在50万吨上下，占我国水产品进口总量的11%左右。中美贸易摩擦无疑对我国出口美国的企业构成威胁，同时美国进口商、经销商、消费者，甚至其他国家利益链条也将会受到不同程度影响（俄罗斯、冰岛、挪威、阿根廷都是我国来进料原料供应大国），全球贸易不确定性持续增加。我国以出口为主的水产品加工企业面临前所未有的挑战。

（三）质量安全隐患不容忽视，需要提升应急处置能力

我国水产品总体上是安全的，但污染和质量安全问题在供应链的各个环节都可能出现。我国水产品生产经营主体以小规模分散的个体养殖户为主，很难做到全程监管、指导及控制。因此，市场环节违禁渔药检出，以及市场中一些制假售假、商业欺诈等问题时有出现，加上信息共享机制不完善，广大消费者获取相关信息的渠道匮乏，影响了产业发展和消费者消费信心。一方面，水产品生产各类突发事件在微信、微博等新媒体迅速传播，需要提升相关部门应急处置能力；另一方面，舆论正确引导及公益性宣传工作尚有较大完善空间，媒体不公正及不专业的报道会误导消费者，影响水产品行业发展。

（四）水产品加工业绿色发展任务迫在眉睫

"像对待生命一样对待生态环境""着力解决突出环境问题""绿水青山就是金山银山"……党的十九大，习近平总书记为建设美丽中国指明了方向。2018年是贯彻党的十

九大精神的开局之年，中央生态环保督察以制度的刚性确保落实，主动曝光环境问题成为新常态。在国家生态文明建设要求下，水产品加工企业生态、绿色、循环、可持续发展的目标十分明确。尽管企业前期加大了环保投入，但效果有待提高。随着国家环境治理力度不断加大，部分环保不达标的企业被强制关停。水产品加工企业面临巨大的资源与环境压力，亟须制定切实有效的环保节能措施并落实。

三、政策建议

2018 年是实施"十三五"规划承上启下之年，在"一带一路"倡议引领下，中国以更加开放的姿态，与全球共享资源，共赢发展，尤其是中国国际进口博览会的召开，更是以实际行动表现了中国与全球共享市场的姿态。我国持续加大生态环境的保护力度，主动调整产业结构，水产品加工业处于转型关键时刻，转型发展关乎企业的命运。因此，水产品加工业必将向依靠质量效益、科技创新，关注生态环境保护和追求品牌品质的绿色发展方式转变；加工产品必将根据消费需求，向功能化、多样化、便携化、个性化、体验化、高端化转变。水产品加工业的技术门槛与质量标准将大幅提升，行业将面临重新调整，资金雄厚、规模较大、标准更高、拥有优质品牌的企业将在行业整合中获得更多的市场份额。预计 2019 年水产品加工贸易形势将更加复杂，出口可能出现下降，水产品加工企业转型加快，转型期整体效益不容乐观，转型过程中的资金风险尤其值得重点关注。

（一）切实加大对产业的扶持力度，促进一二三产业融合

以提高产品附加值、满足居民消费需求和促进营养均衡为目标，坚持政府引导、企业主体、科技支撑、品牌带动，积极发展水产品精深加工，支持开展现代冷链物流体系建设和技术设备水平提升工作，构建从池塘、渔船到餐桌的水产品全冷链物流体系，减少物流损失，有效提升产品品质。强化水产加工业的扶持政策落实，综合利用国家财政、税收、金融等政策工具支持产业发展，提高财政和金融资金的使用效果，以金融创新和兼并收购为实现路径，助力水产品加工业提升生产效率，实现标准化、规模化与专业化生产。建议加大科技关键环节的资金投入，改善基础设施和信息装备条件，不断延伸产业链、提升价值链，发挥水产品加工业的带动能力，促进一二三产业协调发展，更好地发挥政策引导作用。

（二）做好水产品贸易发展顶层设计，拓展国内外两个市场

积极运作国内国际两个市场，实现订单前置和精准生产，提高外贸风险防范能力，确保水产品出口发展后劲。做好资源挖掘与利用，开展产品形式和产品功能创新，实施多元化战略，深化品系与渠道运营，充分利用电子商务等新业态，创造条件鼓励企业参加国内外展会，加大线上线下联动营销力度，开展水产品营养宣传，推动优质水产品进超市、进社区、进学校项目，引领和拓展国内水产品消费市场。

（三）推进品牌建设，提升品牌竞争力

挖掘水产品生产区域特征、工艺特点和文化底蕴，加强品牌建设。以特色、优质、高

附加值、综合利用为重点，进行企业技术改造，加大运用新技术改造传统产业的力度，应用先进工艺和设备，培植一批在经济规模、科技含量和社会影响力方面具有引领优势的品牌产业领军企业；积极引导龙头企业挖掘全产业链、全价值链各个环节的潜力；鼓励出口企业从产品贴牌向打造自主品牌方向迈进，增强核心竞争能力和辐射带动能力。在此基础上，促进产业集群式发展，推动各地建立区域公共品牌，加大品牌保护力度，提升品牌竞争力。

（四）提升质量安全水平，加强水产品质量监管

坚持用最严谨的标准、最严格的监管、最严厉的出发、最严肃的问责，加大相关部门监管力度，落实生产主体责任。加强质量安全监督执法，加大水产品质量安全监督抽查和风险隐患排查力度，扩大监测覆盖面，支持从源头治理、生产自律、市场准入、科技创新，以及加强质量标准认证管理和构建水产品可追溯体系、质量安全控制体系等，不断提升水产品质量安全。加强部门间信息共享，严厉打击制假售假、商业欺诈等违法行为，维护和健全市场秩序，积极回应群众关注的热点问题。对舆论中存在的质疑、误解，做好澄清和释疑解惑工作，及时回应公众关切，合理引导公众预期。

（五）全面树立绿色发展理念，扶持加工业环保设施投入

实现资源循环利用，促进水产品转化增值。严格生态环境评价，提高资源集约节约利用和综合开发水平，建立符合生态文明、以环保达标为基础的市场准入制度。大力扶持水产品副产物综合利用，有效提高资源利用率，实现"全鱼加工"和"废弃物零排放"，减少环境污染。加快淘汰落后、高能耗、高污染的加工企业，同时对水产品加工企业废水处理等节能减排措施给予补贴，大力推进水产品加工业的绿色发展，为我国建设资源节约型和发展循环经济提供重要保障。

（六）加强行业管理，鼓励和支持行业协会发挥作用

在政府转变职能的改革过程中，积极探索行业协会管理机制，依靠法律保障、行政推动和财政支持等手段促进行业协会发展。充分发挥行业协会桥梁纽带作用，强化新闻宣传和舆论导向，营造促进产业发展的良好环境。强化协会在产业内自我协调、自我管理、自我约束的作用，规范行业经营行为，开展团体标准制定、教育培训、品牌营销和商业模式推介等工作。

编 写 说 明

1. 本次调查的粮食原料酒制造业、中药制造业、棉麻加工业、皮毛羽丝加工业、木竹藤棕草加工业和橡胶制品制造业企业数占比较国家统计局数据中各行业企业数占比偏小。

2. 用基尼系数测算产业集中度。基尼系数越大，说明产业集中度越高。

3. 研发投入强度＝有效调查企业的研发经费总和/主营业务收入总和。

4. 报告中"其他非食用类加工业"表示"其他非食用类农产品加工业中的其他类型"。

5. "规模以上"是指年主营业务收入2 000万元及以上的工业法人企业。

6. 规模划分标准如下。（1）大型企业：从业人员数≥1 000人，营业收入≥40 000万元；（2）中型企业：300人≤从业人员数＜1 000人，2 000万元≤营业收入＜40 000万元；（3）小型企业：20人≤从业人员数＜300人，300万元≤营业收入＜2 000万元；（4）微型企业：从业人员数＜20人，营业收入＜300万元。大、中和小型企业须同时满足所列指标的下限，否则下划一档；微型企业只需满足所列指标中的一项即可。

指标名称	计量单位	大型	中型	小型	微型
从业人员数（X）	人	X≥1 000	300≤X＜1 000	20≤X＜300	X＜20
营业收入（Y）	万元	Y≥40 000	2 000≤Y＜40 000	300≤Y＜2 000	Y＜300

7. 本次调查东部、中部、西部、东北地区划分：东部地区包括河北省、山东省、江苏省、上海市、浙江省、福建省、广东省，中部地区包括山西省、安徽省、江西省、河南省、湖北省、湖南省，西部地区包括四川省、重庆市、贵州省、云南省、陕西省、甘肃省、青海省、新疆维吾尔自治区、广西壮族自治区、内蒙古自治区，东北地区包括黑龙江省、吉林省、辽宁省。

图书在版编目（CIP）数据

中国乡村产业重点企业调查报告 . 2019 / 农业农村部乡村产业发展司，农业农村部规划设计研究院编著 . —北京：中国农业出版社，2019.11

ISBN 978-7-109-26233-1

I . ①中… II . ①农… ②农… III . ①乡镇企业—企业发展—调查报告—中国—2019 IV . ①F279.243

中国版本图书馆 CIP 数据核字（2019）第 269060 号

中国乡村产业重点企业调查报告 2019
ZHONGGUO XIANGCUN CHANYE ZHONGDIAN QIYE DIAOCHA BAOGAO 2019

中国农业出版社出版
地址：北京市朝阳区麦子店街 18 号楼
邮编：100125
责任编辑：贾　彬　　文字编辑：肖　杨
版式设计：韩小丽　　责任校对：吴丽婷
印刷：中农印务有限公司
版次：2019 年 12 月第 1 版
印次：2019 年 12 月北京第 1 次印刷
发行：新华书店北京发行所
开本：787mm×1092mm　1/16
印张：10
字数：220 千字
定价：120.00 元